AF557982

Bibliografische Information der Deutschen Nationalbibliothek
Die Deutsche Nationalbibliothek verzeichnet diese Publikation in der Deutschen Nationalbibliografie; detaillierte bibliografische Daten sind im Internet über http://dnb.ddb.de abrufbar.

Susanne Bohlmann
Filmszenen für Schauspieler.
Zum Spielen und Inszenieren
Praxis Film, 67
Köln: Halem, 2022

Aus Gründen der besseren Lesbarkeit wird in dem Buch auf die gleichzeitige Verwendung weiblicher und männlicher Sprachformen verzichtet. Mit den Personenbezeichnungen sind stets beide Geschlechter gemeint.

1. Auflage: 2014
2. Auflage: 2022

ISBN (Print): 978-3-7445-2042-3
ISBN (PDF): 978-3-7445-2043-0
ISSN: 1617-951X

Den Herbert von Halem Verlag erreichen Sie auch im Internet
unter http://www.halem-verlag.de
E-Mail: info@halem-verlag.de

Satz: Herbert von Halem Verlag
Umschlaggestaltung: Bureau Heintz, Stuttgart
Umschlagfoto: © phoenixie / photocase.com
Lektorat: Imke Hirschmann
Druck: FINIDR, S.R.O., Tschechische Republik

FILMSZENEN FÜR SCHAUSPIELER

Zum Spielen und Inszenieren

Susanne Bohlmann

2., komplett überarbeitete Auflage

HERBERT VON HALEM VERLAG | Köln

INHALT

Vorwort

„Aus einem guten Drehbuch kann immer noch ein schlechter Film werden – aber aus einem schlechten Drehbuch niemals ein guter."

Dieses Buch ist voller kleiner Drehbücher aus verschiedenen Genres, die spielerisch und kreativ umgesetzt werden können. Sowohl als Übungsmaterial für angehende Schauspieler als auch als Grundlage eines Demobandes bzw. Showreels.

Früher galt das Theater als Dreh- und Angelpunkt des Schauspielerlebens, heute verdienen die meisten Schauspieler ihr Geld in den Branchen Film und Fernsehen. Auch in der Ausbildung hat sich vieles verändert. Längst ist allgemein bekannt, dass das Spiel vor der Kamera ganz anderen Gesetzen unterliegt als das auf der Bühne. Authentizität und Natürlichkeit sind die Schlüsselbegriffe des Filmschauspiels, denn es soll ein Abbild des alltäglichen oder zumindest emotional nachvollziehbaren Lebens darstellen. Beim Film ist es nicht nötig, für die zehnte Reihe zu spielen, da die Kamera jeden noch so kleinen Impuls im Gesicht erkennt. So schießen Filmschauspielschulen und Kamera-Acting-Studios wie Pilze aus dem Boden, und auch an den traditionellen Theaterausbildungsstätten gewinnt das Arbeiten vor der Kamera immer mehr an Bedeutung und Raum.

Doch wie lernt man das Spielen vor der Kamera? Ganz klar: Indem man es tut. Die Studenten sollten also möglichst viel drehen, sich ausprobieren und danach ihre Gesten und Mimik beobachten und analysieren. Hierfür wurden bislang selbstverfasste Texte, herausgeschriebene Filmszenen und Theaterdialoge verwendet. Solche Texte sind oft ungeeignet, blockieren häufig das Spiel und verhindern, dass der Schauspiellehrer den richtigen Zugang zum Schüler bekommen kann.

Benötigt wird also dringend ein umfangreicher Filmszenenfundus, der die verschiedensten Typen, Rollen und Genres bedienen kann.

Nach der Schauspielausbildung geht es darum, sich selbst zu promoten. Deshalb ist es wichtig, gutes Bewerbungsmaterial vorweisen zu können. Neben aussagekräftigen Fotos und der Vita gehört ein professionelles Showreel zum absoluten Muss, um sich bei Agenturen, Castern und Produzenten Aufmerksamkeit zu verschaffen. Selbst Rollen in unbezahlten Studentendrehs bekommt man nur mit Demoband. Allerdings haben junge Schauspieler kaum Erfahrung vor der Kamera und somit auch kein Demomaterial, welches man zu einer audiovisuellen Visitenkarte zusammenschneiden könnte. Hier kommen die Produktionsfirmen ins Spiel, die kostengünstig kurze, individuelle Filmszenen erstellen, um auf diese Weise die schauspielerischen Fähigkeiten des Kunden optisch einzufangen. Ein Demoband sollte nicht länger als fünf Minuten sein und eine Szene nicht länger als 1,5 Minuten. Doch entscheidend für den gewünschten Erfolg sind die ersten 15 Sekunden der ersten Szene. Castingdirektoren haben keine Zeit, sich 150 Demobänder anzuschauen und – seien wir ehrlich – jeder von uns entscheidet oft nach dem ersten Eindruck, der bereits nach 15 Sekunden besteht. Doch wenn diese Sekunden gut und spannend sind, dann bleibt auch der Caster dran. Entscheidend ist natürlich der Schauspieler selbst: Passt er oder sie als Typ für die Rolle? Wie ist das Spiel? Sind die Rahmenbedingungen richtig? Dennoch kann ein schlechtes Drehbuch, das zwangsläufig zu einer schlechten Szene führt, alle Chancen zerschlagen, besetzt zu werden und das, obwohl man vielleicht perfekt für die Rolle wäre. Viele verwenden Szenen aus bereits produzierten Filmen und spielen diese nach. Wenn der Caster dies zu Gesicht bekommt, fragt er sich zunächst, woher er diese Szene kennt und zweitens (wenn es ihm eingefallen ist), warum jemand versucht, Oscar-Preisträgerin Meryl Streep nachzuspielen und das auch noch in Deutschland. Der Caster ist also abgelenkt von deiner Person. Es ist daher entscheidend, gute Szenendrehbücher zu finden, die sowohl auf den speziellen Typ zugeschnitten sind, als auch in die deutsche Filmlandschaft passen und die zudem auch für sich genommen spannend und einnehmend daherkommen.

Die folgende Szenensammlung ist das Ergebnis von zehn Jahren Demobandproduktion und Schauspielcoaching. Unzählige Schauspieler sind zu mir gekommen, um gutes Bewerbungsmaterial produzieren zu lassen. Sie alle waren sehr unterschiedlich und hatten sehr individuelle Bedürfnisse. Selten wurde eine Szene zweimal gespielt, denn immer mussten Typ, Genre, Alter und Emotion passen. Nach unzähligen Feedbacks und dank der engen Zusammenarbeit mit Castingdirektoren und Schauspielagenturen stellte sich im Laufe der Jahre immer deutlicher heraus, welche Szenen funktionieren und warum.

Diese besten Szenen wurden hier zusammengestellt und können nach Herzenslust geprobt und gefilmt werden. Natürlich sollte man die Texte der individuellen Mundart anpassen, und auch Kürzungen sind bei vielen Szenen möglich. Desgleichen lassen sich Örtlichkeit und Spielpartner austauschen. Es kann auch für Männer sinnvoll sein, in den Szenen für Frauenrollen nachzulesen und umgekehrt, denn oftmals lassen sich die Geschlechterrollen mit etwas Fantasie und der richtigen Wortwahl leicht umschreiben. Wichtig ist nur, dass man sich beim ersten Lesen wiedererkennt, sich unterhalten fühlt und Lust bekommt, die Szene zu spielen. Denn dann ist sie auch für andere ein Vergnügen.

In diesem Sinne wünsche ich viel Spaß beim Spielen und Inszenieren.

Der Start als Schauspieler

DEMOBAND

Nahezu jeder, der die Schauspielausbildung erfolgreich absolviert hat, ist überzeugt, sofort ins Theater- oder Filmgeschäft einsteigen zu können. Man hat zwar gehört, dass es schwierig sein soll und dass nur ca. zehn Prozent aller Schauspieler von ihrem Beruf leben können, aber man glaubt fest daran, zu der kleinen Minderheit zu gehören, die sofort entdeckt und bald über den roten Teppich schreiten wird.

Allerdings holt die meisten bald die Realität ein. In der Antwortmail der gewünschten Agentur steht dann, der Typ sei schon vertreten oder man sei voll besetzt. Bei Castings sitzt man mit 20 anderen Hoffenden im Wartezimmer, die samt und sonders aussehen wie man selbst, und bei dem Studentenfilm, den man neulich unentgeltlich gedreht hat, ist das Material nicht zu gebrauchen, weil man nur von hinten zu sehen ist.

Aber natürlich heißt das nicht, dass man aufgeben soll bzw. kann, denn wenn man unbedingt auf die Bühne oder die Leinwand gelangen will, dann sollte man alles versuchen, um den Traum wahr werden zu lassen. Zumindest will man sagen können: »Ich habe es versucht!«

Und wie versucht man es? Wenn man zur Mehrheit aller jungen Schauspieler gehört, die weder Vitamin B besitzen noch Lust haben, sich dafür unsäglich zu verbiegen, dann sollte man an seiner eigenen Marketingstrategie arbeiten. Netzwerke und wichtige Kontakte ergeben sich meiner Erfahrung nach von selbst, wenn man sich in dieser Branche bewegt und arbeitet. Deshalb ist es nicht nötig, sich auf irgendwelche Premierenpartys einzuschmuggeln, um Prominenten und Regisseuren die eigene Visitenkarte aufzunötigen. Das kann eher das Gegenteil bewirken. Auch ist es wichtig zu erwähnen, dass die meisten Besetzungsentscheidungen nicht mit dem Talent oder der eigenen Person zusammenhängen, sondern schlicht und ergreifend eine Typfrage sind. Manchmal entscheiden nur die Haarfarbe, Körpergröße oder unvorhersehbare Banalitäten, etwa, ob der zuständige Redakteur an diesem Tag gefrühstückt hat oder nicht. Deshalb ist es wichtig, Absagen nicht persönlich zu nehmen und an allem zu zweifeln, sondern daraus zu lernen und weiterzumachen. Absagen sind Teil des Jobs und im Idealfall als positive Erfahrungen zu verbuchen. Im Übrigen ist Durchhaltevermögen meiner Ansicht nach eine der stärksten Strategien im Kampf um den Erfolg. Über die Besetzung entscheiden also viele Faktoren, auf die wir keinen Einfluss nehmen können. Was sich aber beeinflussen lässt, ist zum z.B. unser Bewerbungsmaterial. Diese Unterlagen für Agenturen, Caster und Produzenten sollten die bestmögliche Qualität aufweisen.

Natürlich stellen Fotos noch immer das wichtigste Element in der Bewerbung dar. Beim ersten Foto muss es sofort Klick machen. Es muss den Betrachter direkt ansprechen und den eigenen speziellen Typ sichtbar machen. Deshalb ist es wichtig, keine nur schönen Modelfotos anfertigen zu lassen, sondern einen Fotografen zu finden, der das Spezielle in einem sieht und dies in den Fotos zum Ausdruck bringen kann. An zweiter Stelle steht schon das Demoband – heutzutage ein absolutes Muss, um besetzt zu werden. Bei der Produktion sollten einige wichtige Regeln bedacht werden:

1. Gesamtlänge nicht länger als fünf Minuten und jede Szene nicht länger als 1,5 Minuten konzipieren. Die Szene sollte direkt losgehen und aufhören, wenn es am spannendsten ist. (Lieber eine kurze Szene, die man gern länger sehen würde als umgekehrt. Trenne dich von mittelmäßigen/langweiligen Szenen, auch wenn „ZDF" in der Ecke steht.)

2. Typgerechte Szenen zeigen (s. Abschnitt „Die richtige Szene finden").

3. Keine übertriebenen Emotionen wie z.B. Schreien, Weinen, Durchdrehen etc. zum Ausdruck bringen. (Über 90 Prozent aller gedrehten Filmszenen sind Alltagsszenen, die ohne Tränen auskommen. Zu viel Emotion wirkt fast immer aufgesetzt und unangebracht.)

4. Für einwandfreie Bild- und Tonqualität sorgen. (Heutzutage sind die Caster verwöhnt und ärgern sich über schlechte Qualität – dem lässt sich vorbeugen.)

5. Unbedingt eine authentische Location wählen. (Lieber eine echte Parkbank, als ein nachgebautes Büro – das wirkt immer dilettantisch und „selbst gemacht".)

6. Gute Anspielpartner wählen, die aber nicht den gleichen Typ repräsentieren. (Man muss die Hauptrolle klar erkennen können, sei es durch den Schnitt oder den Textanteil.)

7. Stimmige und altersentsprechende Kostüme und Masken aussuchen. (Man sollte nicht unterschätzen, was ein Maskenbildner bewirken kann. Trotzdem darf man nie verkleidet aussehen.)

DIE RICHTIGE SZENE FINDEN

Wichtig bei Demobandszenen ist, dass sie ohne lange Einleitung direkt beginnen. Zudem sollten sie enden, wenn es am spannendsten ist. Humor ist natürlich auch wichtig, denn er öffnet die Herzen der Zuschauer und das kann hilfreich sein. Wenn man also eine humorvolle Ader hat, dann sollte man dies im Demoband zeigen. Natürlich muss man generell wissen, was man will und kann. Ein Demoband zu erstellen, heißt, eine Entscheidung zu treffen. Es ist nicht klug, alles spielen bzw. sein zu wollen, denn das verwirrt den Caster und dieser weiß dann nicht, wie er den Schauspieler einordnen soll. Ohne irgendjemandem zu nahe treten zu wollen, ist meine Erfahrung, dass Caster und Besetzungsentscheider oft keine bzw. wenig Fantasie haben. Das liegt natürlich primär an deren geringem Zeitbudget, aber auch an dem Überfluss an möglichen Kandidaten. Wenn man also auf seinem Band eine Krankenschwester spielt und der Caster gerade zufällig eine Ärztin sucht, wird man bestimmt in die engere Auswahl kommen. Wenn ein junger Vater gewünscht ist und man nicht mit einem Kind zu sehen ist, stehen die Chancen vielleicht eher schlecht. Trotzdem sollte man sich klar positionieren und nicht versuchen, es jedem recht zu machen. Das kann ohnehin nicht funktionieren.

Zunächst sollte man die eigene Klischeeschublade finden: Ist man eher der Gute oder der Böse? Passt man mit seinem perfekten Aussehen eher in eine Soap oder hat man ein Charaktergesicht und ist besser für den *Tatort* geeignet? Wie wird man gesehen? Man sollte versuchen, ehrliche Meinungen darüber zu sammeln und auch dabei ist wieder ganz wichtig: Man darf die Einschätzungen nicht persönlich nehmen. Manchmal passt man eben perfekt in die Rolle der Putzfrau aus der sozialen Unterschicht oder in die des schleimigen Liebhabers, der weniger im Kopf hat als in den Armen. Man sollte sich zunächst nicht gegen dieses Klischee wehren – diese perfekt zu verkörpern, könnte so etwas wie eine Eintrittskarte sein. Es ist also wichtig, mindestens eine Szene genauso zu spielen, wie es von einem erwartet wird. Dann kann man in der nächsten Szene mehr auf das eingehen, was man am liebsten spielen möchte. Aber auch hier sollte man nicht komplett gegen seinen Typ, sein Alter oder Genre gehen – das geht meistens schief. Zudem sollten die Szenen ein entschiedenes Format bedienen, wie z.B. Krimi, Comedy oder Soap. Hier spielt vor allem die Technik eine große Rolle z.B. die bewegte Kamera oder Festeinstellungen. Durch Farbgebung, Licht und Schnitt kann man bestimmte Effekte erzeugen, die dem Caster helfen, das richtige Genre zu finden. So ist es optimal, mindestens eine Szene im Tageslicht zu drehen und eine mit Kunstlicht, denn die Wirkung kann sehr unterschiedlich sein. Dialoge sind immer wichtiger als Monologe. Aber ein guter kurzer (!) Monolog oder eine sympathische Vorstellungsszene kann als ein positiver Kontrast zu den Dialogen gute Dienste leisten.

BEWERBEN

Wenn das Demoband fertig ist, die perfekten Fotos geschossen sind und die Vita samt Steckbrief geschrieben ist, geht es an die Bewerbung. Heutzutage geht es schnell, einfach und kostenlos eine eigene Webseite zu erstellen (z.B. über Wix, Jimdo, Webnode). Diese kann dann schnell und einfach als Link verschickt werden. Dort lädt man die Bewerbungselemente hoch und kann sie selbst jederzeit bearbeiten. Für das Video würde ich Vimeo empfehlen, da man dort die Rechte am eigenen Material behält (anders als bei Youtube).

Wenn man eine Schauspielagentur sucht, sollte man sich zunächst im Internet einige heraussuchen, zu denen man passen könnte. Die Agentur sollte nicht zu viele Schauspieler vertreten, damit man nicht in der Masse untergeht, und einige der Schauspieler sollten auch regelmäßig drehen. Dann sollte der eigene Typ idealerweise noch nicht vertreten sein. Am besten ruft man vorher bei der Agentur an, stellt sich vor und berichtet von der eigenen Suche nach einer passenden Agentur. Daraufhin erhält man Auskunft, ob man Videolink, Vita und Fotos mailen darf oder auf die eigene Webseite verweisen kann. Manchmal bekommt man auch schon am Telefon eine Absage mit der Begründung, die Agentur sei voll ausgelastet. Wenn man eine Agentur findet, die einen aufnehmen möchte, übernimmt sie in den meisten Fällen das komplette Marketing des Schauspielers. Das bedeutet, dass man mit Fotos, Vita und Demoband auf der Internetseite präsentiert wird, und die Agentur sorgt ebenfalls dafür, dass alle wichtigen Caster das Material bekommen – heutzutage in digitaler Form.

Agenturen, die Geld von Schauspielern verlangen, sind unseriös. Auch sollte eine Agentur nicht mehr als zwölf Prozent für ihre Arbeit verlangen. Es sei denn, sie übernehmen die Kosten für Fotos und Demoband, was allerdings äußerst selten der Fall ist. Vor allem sollte man bei der/dem Agenten/in ein gutes Gefühl haben und bei den Telefonaten und Treffen auf das eigene Bauchgefühl hören. Man geht ein Geschäftsverhältnis ein, welches viel mit Vertrauen und gegenseitigem Respekt zu tun hat.

Falls die Suche nach einer Agentur nicht umgehend von Erfolg gekrönt ist, sollte man sich selbst an die Caster wenden (alle wichtigen Caster-Kontakte sind im Internet zu finden, z.B. unter crew-united). Auch hier heißt es wieder: anrufen und fragen, auf welche Weise man sich vorstellen darf.

Es ist sehr wichtig, in den Internetplattformen „filmmakers" und „schauspielervideos/crew-united" vertreten zu sein. Denn hier suchen sowohl Caster als auch Produzenten und Regisseure aus ganz Deutschland nach geeignetem Personal. Diese Einträge sollten vollständig und qualitativ hochwertig sein. Volleinträge sind zwar kostenpflichtig, lohnen sich aber, denn man ist weiter oben in der Liste zu finden und man kann auf mehr Infos zugreifen.

KAMERATRAINING

Beim Spielen vor der Kamera ist es am wichtigsten, nicht zu „spielen". Es einfach tun – das ist das Ziel. Sich in die Situation hineinversetzen und als man selbst agieren und reagieren. Alles andere kommt später und ist zunächst kaum umsetzbar. Man sollte sich bei einer Szene genau überlegen, aus welcher Situation man gerade kommt: Welche Stimmung hat man, bevor die Szene beginnt? Man sollte sich fragen: Was will ich genau? Schlafen? Reden? Ausweichen? Will ich hier weg oder will ich bleiben? Es ist sehr wichtig, dass man als Figur nicht weiß, was am Ende der Szene passiert. Man lässt alles einfach auf sich zukommen. Auch kann es sehr hilfreich sein, sich ein Geheimnis auszudenken, welches die Figur vielschichtiger machen kann. Wenn es eine Szene ist, in der man versucht, jemanden von seiner Unschuld zu überzeugen, kann es die Spannung erhöhen, wenn man in Wirklichkeit schuldig ist – oder bei einer Liebesszene eine Schwangerschaft verheimlicht. Auch kann eine bestimmte Körperlichkeit wie Kopfschmerz oder Jucken eine interessante Authentizität hervorrufen. Diese Technik bringt oft eine andere Ebene mit ins Spiel. Hier lautet die Regel: Einfach verschiedene Möglichkeiten ausprobieren und herausfinden, ob es sich natürlich und richtig anfühlt.

Eine der wichtigsten Grundregeln lautet, dem anderen zuzuhören und ihn auch wirklich anzusehen, denn dadurch entsteht dann der richtige Rhythmus. Oft ist man zu schnell im Text und hat keinen Mut zu Pausen. Aber für gewöhnlich sind es gerade die Stellen, an denen nicht gesprochen wird, die am spannendsten sind. Das bedeutet also, erst einmal den Gedanken, den man gleich aussprechen wird, im Kopf entstehen zu lassen. Am besten, man trainiert immer mit Kamera und schaut es sich danach an. Es ist wichtig, dass man sich daran gewöhnt, sich selbst spielen zu sehen. So ist sehr schnell erkennbar, an welchen der eigenen Manierismen man arbeiten muss. Ich selbst, das haben mir schon viele Menschen rückgemeldet, sehe unglaublich traurig aus, wenn ich mein Gesicht einfach nur entspanne. Auch wenn ich das Gefühl habe, ich schaue neutral bis freundlich, wirke ich offensichtlich nach außen eher negativ. Das heißt, ich muss immer etwas mehr Positivität geben als ich es fühle, um freundlich auszusehen. Man muss also ganz genau wissen, wie man „rüberkommt" und von der Kamera wahrgenommen wird. Denn oftmals sind die Unterschiede zwischen dem, was man fühlt, und dem, was man sieht, frappierend. Wichtig ist nur, ob es funktioniert. Wie man da hinkommt und was einen innerlich umtreibt, ist irrelevant. Optimal ist es natürlich, wenn man durch Veränderung des inneren Zustandes nach außen genau das Gewünschte zum Ausdruck bringen kann. Aber oft muss man hart daran arbeiten und die eigene Körperlichkeit perfekt studieren, um sie gezielt vor der Kamera einsetzen zu können. Also heißt es vor allem: üben, üben, üben!

INSZENIEREN

Angehende Filmemacher oder Demobandproduzenten können diese Szenen natürlich auf unterschiedlichste Weise inszenieren. Für Demobandproduktionen ist entscheidend, welches Genre bedient werden soll. Wenn es sich um eine Soap handelt, dann sollte das Szenenbild schön hell und gleichmäßig ausgeleuchtet sein; die Kamera möglichst statisch und ruhig. Bei einer Krimiszene sieht das ganz anders aus: Die Kamera darf bewegt sein, und es kann mit Unschärfe und Achssprüngen gearbeitet werden. Das Licht kann extremer gesetzt werden, sodass Schatten entstehen, oder es wird nur mit „available light" gearbeitet. Auch kann es spannend sein, ein und dieselbe Szene auf unterschiedliche Art und Weise umzusetzen, sowohl in der Regie als auch in der technischen Umsetzung. Hier heißt es, Fernseher anschalten oder ins Kino gehen und die verschiedenen Techniken vergleichen und studieren.

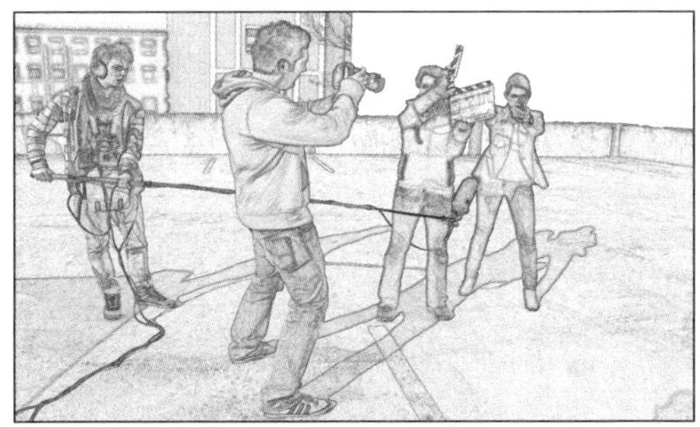

DANKSAGUNG

Natürlich möchte ich mich bei den Menschen bedanken, die mich allzeit bedingungslos in meinen abenteuerlichen Vorhaben unterstützen: Meine wunderbare Familie, meine treuen Freunde und mein mutiges kreatiFILM Team. Mittlerweile arbeite ich nicht mehr als Schauspielerin und produziere auch keine Demobänder mehr. Meine neue Leidenschaft ist der Dokumentarfilm - echte Geschichten. Das war ein bewusster Schritt und ich bereue weder meine Schauspielzeit noch die Entscheidung, einen anderen Weg einzuschlagen. Auch dieser Weg ist nicht einfach, aber er macht mich glücklich(er). Und darum sollte es doch gehen - um den Weg und nicht um das Ziel. In diesem Sinne wünsche ich jedem von euch Spaß bei jedem eurer Schritte, die Kraft, immer wieder aufzustehen, und den Mut, neue Wege zu entdecken.

DIALOGE FÜR FRAUEN

Drama / Familie

Abbitte // Alleingelassen // Auf dem Jakobsweg // Auf der Brücke // Der Verrat // Die Farbe Grün // Ertappt // Schwere Bitte // Standardimpfung // Überrascht // Urlaubsanfang // Verdacht // Verschleppt

Drama / Familie

Abbitte

Hauptrolle // 16-25 Jahre „Ausreißerin“ / taff / zerbrechlich / cool / hart / sensibel
Anspielpartner // 45-60 Jahre „Geschäftsmann“ / „Vater“

Emotionalität/Bruch	angespannt, unkontrolliert, selbstsicher wird zu emotional; unsicher wird zu selbstbewusst wird zu verzweifelt
Licht	Tageslicht
Spielort	Straße vor Bürokomplex / Bürgersteig
Kostüm	jugendliche Kleidung, dunkle Farben / sportlich
Mögliches Geheimnis	1. Emma ist schuldig, will aber Geld von ihrem Vater. 2. Emma ist leicht schizophren und hört Stimmen.

BÜROKOMPLEX / AUSSEN – TAG
EMMA steht nervös vor einem Büro. Sie raucht und geht auf und ab. Ein Mann, ihr Vater MANFRED, kommt heraus. Emma geht einen Schritt auf Manfred zu. Der stoppt.

EMMA (unsicher)
Papa?

MANFRED (verblüfft und besorgt)
Was machst du denn hier? Bist du abgehauen?

EMMA
Nein, sie lassen mich ... kann ich kurz mit dir reden?

MANFRED (versucht hart zu sein)
Ich weiß nicht. Kannst du?

EMMA
Tut mir leid wegen deines Jobs. Mama hat's mir erzählt ...

MANFRED
Ach, mach dir darüber mal keine Gedanken. Diese Idioten haben doch keine Ahnung.
Die haben ja keine Kinder ...
(lächelt – wird dann wieder streng) Emma, was willst du?

EMMA (überzeugt)
Das mit den Küppers ... das war ich nicht.
Ich weiß, ihr denkt alle, dass mir egal ist, was passiert ist, aber das stimmt nicht.
Ich war ... wütend – das stimmt, aber so was hätte ich nie getan.

MANFRED
Was passiert ist, ist passiert.

EMMA (enttäuscht)
Du glaubst mir nicht! Du denkst tatsächlich, ich hätte Caro das antun können?!
Und euch?!

MANFRED (verständnisvoll)
Wir machen alle mal Fehler. Kein Grund, sich deswegen fertig zu machen.

EMMA (den Tränen nahe)
Verstehe. Gut, ja dann ...

Manfred will Emma in den Arm nehmen.

EMMA (wird kurz schwach – reißt sich dann los)
Fass mich nicht an! Ja, du hast recht!
Mir ist alles egal! Wenn es das für euch leichter macht, eure Tochter wegzugeben!

MANFRED
Das ist nicht fair!

EMMA
Weißt du, was nicht fair ist?! Von all den Mädchen da bin ich die Einzige, die nie Besuch bekommt, und das, obwohl ich eine der wenigen bin, die überhaupt noch Eltern hat ... oder hatte.

Emma dreht sich um und geht.

[Blende aus]

Krimi / Kinodrama / Sozialdrama

Alleingelassen

1. Hauptrolle // 20-35 Jahre „asoziale Mutter"/ schwach / emotional / abgehärtet / ungepflegt / hoffnungslos
2. Hauptrolle // 20-35 Jahre „spießige Sozialarbeiterin" / kontrolliert / freundlich / gesittet

Emotionalität/Bruch	1. Jasmin: verzweifelt / verbittert / devot wird zu aggressiv 2. Fiona: verständnisvoll wird zu ängstlich / zu streng
Licht	Kunstlicht
Spielort	Hausflur / Wohnung
Kostüm	1. Jasmin: beschädigte Kleidung, Größe unpassend, dunkle Grün-/Grautöne, Parka, Männerschuhe 2. Fiona: Hauskleidung / Pastelltöne / Halstuch
Mögliches Geheimnis	1. Jasmin ist heroinabhängig (auf Turkey). 2. Jasmin hat eine Waffe in der Tasche.

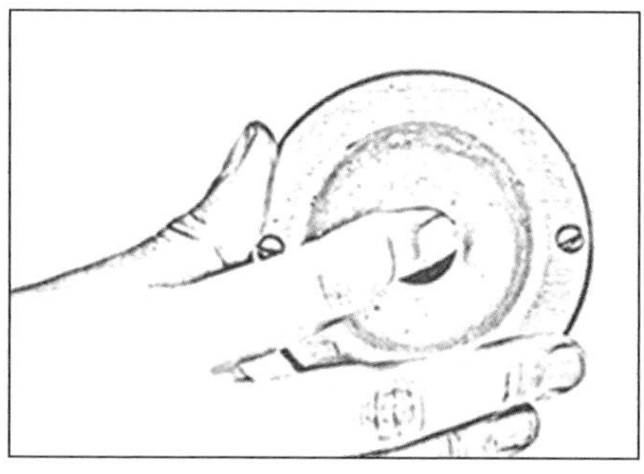

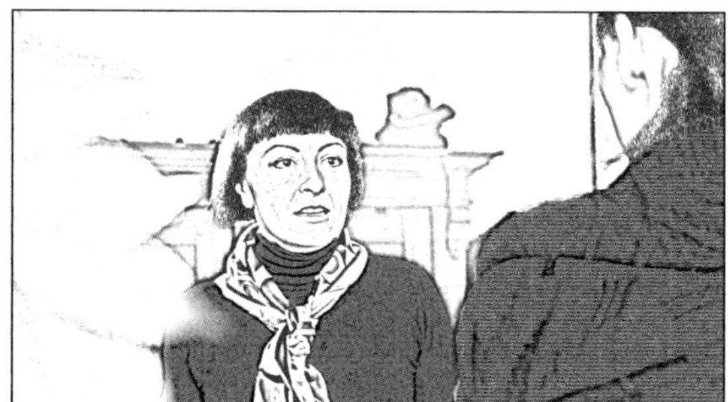

WOHNUNG / INNEN - TAG
FIONA öffnet die Tür. JASMIN steht vor ihr. Sie scheint verzweifelt, hat eine viel zu große ausgefranste Jacke an. Sie sieht aus, als wäre sie gerade aufgestanden und hätte sich nur den Parka übergezogen.

FIONA (erstaunt)
Frau Berger ...

JASMIN
Es tut mir leid, wenn ich Sie störe, aber ich muss mit Ihnen reden.

FIONA
Frau Berger. Das tut mir wirklich leid mit Ihren Kindern, aber ich glaube nicht, dass ich Ihnen helfen kann.

JASMIN (will in die Wohnung)
Bitte ...

FIONA
Na gut. Kommen Sie rein.

Sie gehen in die Wohnung. Fiona deutet auf einen Stuhl.

FIONA
Setzen Sie sich. Möchten Sie was trinken?

JASMIN
Ich will meine Kinder wieder!

FIONA
Ich weiß, aber ich kann nichts für Sie tun.

JASMIN
Doch, das können Sie. Sagen Sie der Polizei, dass Sie sich geirrt haben, dass ich für meine Kinder sorgen kann ...

FIONA
Frau Berger, Sie haben Ihre Kinder zwei Tage allein in der Wohnung gelassen!

JASMIN
Ich hatte Probleme ... ich musste weg und war ... verzweifelt, aber jetzt hab ich dieses Problem nicht mehr.

FIONA
Doch! Das haben Sie.

JASMIN (wird laut)
Ich will meine Kinder!

FIONA (bekommt Angst)
Jetzt beruhigen Sie sich ...

JASMIN

Ich will mich nicht beruhigen. Ich will meine Kinder wieder und Sie müssen mir helfen! Sie wissen doch, wie das ist. Sie haben doch auch Kinder. (versucht zu lächeln) B I T T E.

FIONA (entschlossen)

Nein, das weiß ich nicht. Ich würde meine Kinder nie allein lassen.

Fiona schiebt Jasmin Richtung Tür. Es gibt ein kurzes Gerangel an der Tür. Jasmin schiebt ihren Fuß zwischen die Tür.

JASMIN (drohend)

Sie wissen gar nichts. Sie verstehen gar nichts. Ich liebe meine Kinder ...

Jasmin dreht sich um und geht. Fiona schlägt die Tür zu und lehnt sich dagegen. Sie atmet aus.

[Blende aus]

Drama / Familie

Auf dem Jakobsweg

1. Hauptrolle // 50-70 Jahre „Mutter/Witwe"/ verbittert / negativ / unsportlich
2. Hauptrolle // 20-35 Jahre „Tochter" / abenteuerlustig / positiv / hilfsbereit

Emotionalität/Bruch	1. Beate: erschöpft / frustriert / aggressiv wird zu reflektiert 2. Lisa: verständnisvoll / motivierend wird zu frustriert
Licht	Tageslicht
Spielort	auf einem Wanderweg
Kostüm	1. Beate: Outdoor-/Wanderkleidung dunkel 2. Lisa: Outdoor-/Wanderkleidung farbig
Mögliches Geheimnis	1. Beate ist unheilbar krank und hat es Lisa noch nicht gesagt. 2. Lisa wurde von ihrem Vater missbraucht.

WANDERWEG / AUSSEN – TAG

LISA und BEATE laufen mit vollbepackten Rucksäcken einen Feldweg entlang. Beate ist völlig außer Atem.

BEATE

Ich frage mich, warum hab ich mich nur von dir überreden lassen.

LISA

Das macht doch Spaß, Mama.

BEATE

Das macht gar keinen Spaß. Mein Rücken tut weh, meine Beine sind wie Blei und ich spüre zwei neue Blasen zwischen meinen Zehen.

LISA

Das gehört nun mal dazu.

BEATE

Ja, für dich vielleicht. Ich stelle mir unter Urlaub was anderes vor.

LISA

Du wolltest was Neues ausprobieren.

BEATE
Ja, etwas Schönes – nicht in dieser gottverlassenen Gegend rumeiern, mit 20 Kilo auf dem Rücken wie ein verdammter Packesel.

LISA
Jetzt reicht's aber. Die Menschen gehen den Jakobsweg, weil sie zu sich finden wollen. Weil sie ausbrechen wollen aus ihrem Alltag und aus ihren Gedanken. Du wolltest doch was ändern, oder?!

BEATE
Ja, aber …

LISA
Nichts ABER! Ich höre immer nur aber… das geht nicht, weil… das kann ich nicht mehr, dazu hab ich das Geld nicht! Ich weiß nicht, was du von mir willst! Du sagst, es geht dir schlecht – du vermisst Papa, du bist einsam und dann…

BEATE
Ich hab dich doch gar nicht um Hilfe gebeten!

LISA
Das musst du auch nicht. Du bist meine Mutter! Natürlich fühl ich mich verantwortlich.

BEATE
Das ist der Grund?! Du fühlst dich verantwortlich für mich?! Du willst kein schlechtes Gewissen haben?
Du denkst, ich komm allein nicht klar?! Ich brauch dich nicht und deine spirituellen Trips. Ich hab immer noch sehr viel Freude im Leben!

LISA
Klar, mit zwei Flaschen Wein intus!

BEATE
Das geht dich gar nichts an, wie viel ich trinke.

LISA (den Tränen nahe)
Nein, natürlich nicht. Ich bin ja nur deine Tochter. Weißt du was – vor zwei Kilometern hab ich ein Busschild gesehen. Am besten gehst du dorthin und fährst zurück.

BEATE
Jetzt reg dich doch nicht so auf – habs ja nicht so gemeint. (Pause)
Ich bin ja schon sehr dankbar, dass du… für mich da bist.

LISA

Weißt du, dass es das erste Mal ist, dass du das sagst?!

BEATE

Bin da nicht so gut drin.

LISA

Dafür war es nicht schlecht. (Lächelt vorsichtig) Fast glaubwürdig.

Beate legt den Kopf zur Seite und lächelt zurück.

BEATE

Wie lang ist es noch heute?

Lisa grinst, dreht sich um und geht.

[Blende aus]

Drama / Familie

Auf der Brücke

1. Hauptrolle // 22-35 Jahre „die Energische“ / sportlich / empathisch / clever
2. Hauptrolle // 22-35 Jahre „die Verzweifelte“ / kraftlos / mutlos

Emotionalität/Bruch	1. Carmen: fröhlich wird zu besorgt 2. Maja: verzweifelt wird zu traurig
Licht	Tageslicht
Spielort	Auf einer Brücke
Kostüm	1. Carmen: Trainingsanzug / Sportbekleidung 2. Maja: Jeans / T-Shirt / Kapuzenpullover
Mögliches Geheimnis	1. Carmen hat mit Sabines Freund geschlafen. 2. Maja hat jemanden umgebracht.

AUF EINER BRÜCKE / AUSSEN – TAG

CARMEN joggt. Sie hat Kopfhörer auf. Sie läuft an MAJA vorbei, bleibt stehen und dreht sich zu Maja um, die übers Geländer gebeugt ist und auf das Wasser starrt.

CARMEN
Maja?

Maja dreht sich erschrocken um.

CARMEN
Das ist ja ein Ding. Ich ...

Jetzt erst sieht Carmen richtig hin und sieht, in welch schlechtem Zustand Maja ist. Sie hat schmutzige, blutige Hände und in diesen hält sie zitternd einen Brief. Sie scheint innerlich mit sich zu kämpfen und wirkt desorientiert.

CARMEN (wird ernst)
Was ...? Gehts dir gut?

MAJA (gespielt)
Ja, mir gehts gut. Und dir? Wir haben uns ja lang nicht gesehen...

CARMEN (besorgt)
Maja ... kann ich dir irgendwie helfen?

MAJA
Du, ist nicht böse gemeint, aber ich wäre jetzt lieber allein. Wir können ja mal einen Kaffee zusammen trinken oder so. Ich ruf dich an, ok? Deine Nummer hab ich noch.
(versucht zu lächeln)

Die beiden haben einen intensiven Blickkontakt. Carmen merkt, dass sie auf keinen Fall gehen sollte. Sie versucht, die Situation zu entschärfen.

CARMEN (lehnt sich neben Maja ans Geländer)
Ach, weißt du was. Ich hab grad Zeit. Lass uns doch jetzt quatschen.

MAJA (durcheinander)
Das ist grad kein so guter Augenblick, weißt du ...
Ich bin beschäftigt.

CARMEN (fröhlich)
Womit? Ehrlich gesagt siehst du nicht beschäftigt aus.
Also reden wir.

MAJA (nervös, irritiert)
Also ... ich ... das ...

CARMEN
Na gut, dann fang ich an: Du glaubst nicht, wer mir gestern begegnet ist: Julio. Weißt du noch: „Te quiero mi amor, cuando miro en tus ojos es como ver el cielo nocturno" – Julio. Weißt du noch?

Maja schaut irritiert.

MAJA (angestrengt)
Nein. Ich weiß nicht...

CARMEN
Na klar, der war auch in unserem Kurs ... (wieder auf Spanisch)
„Eres la mas bonita del mundo, eres una reina. Tu eres lo mas hermoso de mi vida." (lacht)

MAJA (wird laut plötzlich)
Ich weiß nicht mehr ... ich kann mich nicht erinnern!

CARMEN (beschwichtigend)
Ist ja auch egal ... jedenfalls hat er 'ne Neue ...

MAJA (wieder ruhig / schwach / starrt wieder aufs Wasser)
Aha.

CARMEN
Sabine?

Maja schaut zu Carmen.

CARMEN (liebevoll)
Wollen wir jetzt einen Kaffee trinken gehen?

MAJA (schaut Carmen direkt an und nickt)
Vielleicht ja ...

[Blende aus]

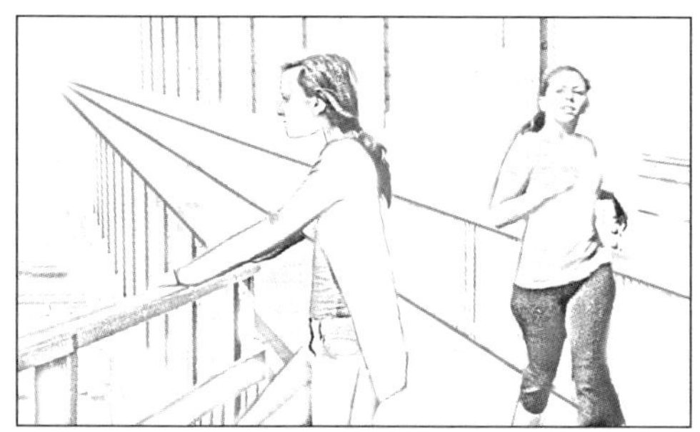

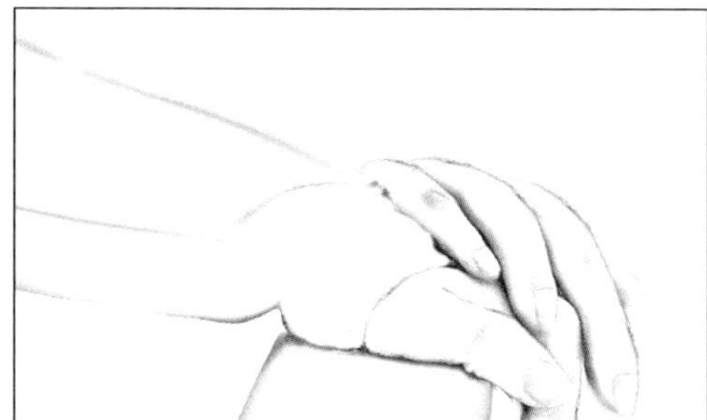

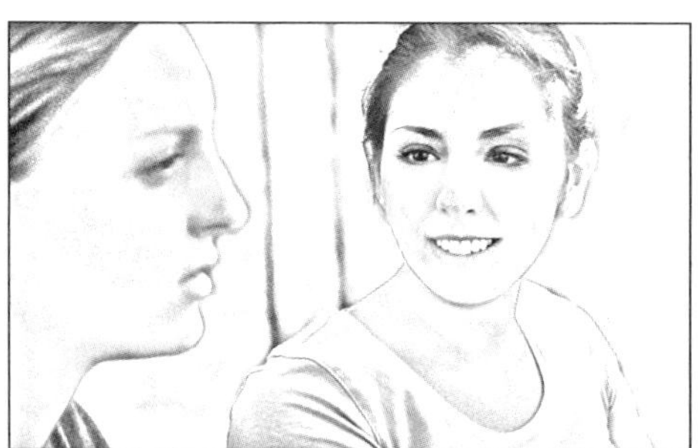

Kinokrimi

Der Verrat

Hauptrolle // 16-25 Jahre „die Coole" / leichtsinnig / locker / fies / taff
Anspielpartner // 16-25 Jahre „der Ehrliche"

Emotionalität/Bruch	aufgedreht wird zu belustigt wird zu aggressiv
Licht	Tageslicht / Kunstlicht
Spielort	in der Bahn
Kostüm	punkige Kleidung, zerrissene Jeans, Sportschuhe
Mögliches Geheimnis	1. Pia ist in Oliver verliebt. 2. Pia will Oliver testen.

IN DER S-BAHN / INNEN - TAG
PIA und OLIVER steigen lachend und etwas schwankend in die Bahn ein und werfen sich auf einen Platz.

PIA
Hast du sein Gesicht gesehen? (lacht) Der Arsch!

OLIVER
Klar! So ein Idiot.

PIA
Und wie geil der sich gefühlt hat in seinem schicken Anzug ...

OLIVER
Du sagst es!

PIA
Geschieht ihm nur recht.
Pia holt eine Geldbörse aus ihrer Jacke und beginnt, darin zu wühlen.

OLIVER (geschockt)
Ist nicht dein Ernst, oder?!

PIA (konzentriert auf die Beute)
Hey - entspann dich.

OLIVER (ernst)
Du hast den beklaut?!

PIA
Na und?! Wen interessiert's?

OLIVER
Mich! Gib's sofort her, sonst ...

PIA
Was sonst – hä – was willst du machen?!

OLIVER (wütend)
Das mach ich nicht mit ...

Oliver will aufstehen, aber Pia reißt ihn runter auf den Sitz.

PIA (schaut sich panisch um)
Halt bloß dein Maul. Setz dich hin und halt's Maul! Spiel dich bloß nicht so auf. Machst hier einen auf gut erzogen, oder was?! Du bist keinen Deut besser, Mann!

Oliver schaut sie enttäuscht an – dann reißt er sich los und verlässt die Bahn.

Pia schaut wütend und verletzt hinterher.

[Blende aus]

TV-Sozialdrama

Die Farbe Grün

1. Hauptrolle // 25-35 Jahre „Junge Mutter“ / taff / emotional / aufopfernd
2. Hauptrolle // 35-55 Jahre „Lehrerin“ / verantwortungsvoll / kontrolliert / konservativ

Emotionalität/Bruch	1. Emi: wütend zu verständnisvoll 2. Brigitte: streng zu sanft/emotional
Licht	Tages- oder Kunstlicht
Spielort	in der Tiefgarage/auf dem Parkplatz
Kostüm	1. Emi: Jeans / Pulli / Sportschuhe 2. Brigitte: Stoffhose / Bluse und Blazer / Grau/Schwarz
Mögliches Geheimnis	1. Emi hat eine Pistole in der Tasche. 2. Brigitte plant ihren Selbstmord.

TIEFGARAGE / AUSSEN – TAG

EMI steuert aufgebracht auf ein Auto zu. BRIGITTE will gerade einsteigen.

EMI

Warten Sie!

BRIGITTE

Ja. Bitte.

EMI

Warum geben Sie meinem Jungen 'ne 6?!

BRIGITTE

Entschuldigung... ich weiß grad nicht... sind Sie eine Mutter?

EMI

Ja, ich bin eine Mutter. Die Mutter von Fynn, um genau zu sein. Und Sie unterrichten ihn in Biologie.

BRIGITTE

Das ist möglich. Fynn aus der 7.7?

EMI

Sie haben ihm eine 6 gegeben, weil er seine grüne Mappe nicht dabei hatte?!

BRIGITTE
Ja, das ist richtig. Er hätte sie schon vor zwei Wochen mitbringen sollen.

EMI
Aber er hatte doch eine.

BRIGITTE
Ja, aber die war nicht grün. Wir haben uns nun mal im Lehrerrat darauf verständigt, dass die Biologiemappen grün sein müssen. Das sind die Vorschriften.

EMI
Das sind die Vorschriften!? Wissen Sie was? Er kam heute weinend aus der Schule und ich brauchte 'ne halbe Stunde, um rauszufinden, was los ist. Er hat sich so geschämt wegen der 6, dass er mir nicht in die Augen schauen konnte. Das kann doch nicht ihr Ernst sein!

BRIGITTE (streng und kontrolliert)
Wir haben nun mal Regeln und diese sind nötig, damit die Kinder gut lernen können. Später im Arbeitsleben muss er sich auch an Regeln halten.

EMI (aggressiv)
Oh ja, das hat er mitbekommen: „Wenn du kein Smartphone hast, bist du ein Looser", „Wenn deine Schuhe nicht von Nike sind, bekommst du aufs Maul", „Malst du über den Strich, hast du verschissen und landest in der Gosse", und „Wenn deine verfickte Biologiemappe nicht grün ist, heißt das halt 6!" Super Regeln! Ganz toll, was Sie unterrichten!

Sie dreht sich um und will gehen.

BRIGITTE
Sie haben ja Recht!

Emi dreht sich um.

BRIGITTE
Ich hab keine Kinder. Aber ich weiß, wie das ist. Ich war selbst eine Außenseiterin, wie Fynn. Hab immer geträumt und wusste nie, wie spät es ist. Ständig hatte ich das Gefühl, dass die anderen ein Spiel spielten, dessen Regeln ich nicht verstand. Ich weiß, dass Fynn gemobbt wird. Ich kümmer mich darum ... versprochen. Und wegen der 6 ... sagen Sie ihm, die ist gestrichen.

Emi nickt dankend und geht.

[Blende aus]

TV-Krimi / Kinodrama

Ertappt

Hauptrolle // 16-22 Jahre „Ausreißerin“ / frech / selbstständig / taff / verbittert
Anspielpartner // 35-55 Jahre „Kommissar“

Emotionalität/Bruch	nervös / entspannt wird zu angespannt / selbstsicher wird zu unsicher
Licht	Kunstlicht
Spielort	Hausflur
Kostüm	Arbeitskleidung möglich (Kellnerin / Fabrikarbeiterin etc.)
Mögliches Geheimnis	1. Mia ist heroinsüchtig und braucht dringend eine Dosis. 2. Mia will erwischt werden, um ihrer Situation zu entfliehen.

HAUSFLUR / INNEN - TAG
Ein heruntergekommener Hausflur. MICHAEL steht an einer Tür und klingelt. MIA schließt die Haustür auf. Sie sieht Michael und drückt sich mit gesenktem Haupt geradewegs an ihm vorbei, um einen Stock höher zu gehen. Michael schöpft Verdacht.

MICHAEL
Hey. Du. Entschuldigung?

MIA (ohne sich umzudrehen)
Ja?

MICHAEL
Wohnst du hier?

MIA
Vielleicht.

MICHAEL
Was soll das heißen? Ja oder nein?

Michael holt seinen Ausweis heraus und zeigt ihn Mia.

MICHAEL
Ich bin von der Polizei.

MIA (dreht sich um)
Und? Soll ich jetzt Angst haben oder was?!

MICHAEL (charmant)
Nicht, wenn du nichts zu verbergen hast.

MIA (pampig)
Was wollen Sie? Ich muss meinem Pa das Bier bringen. Der wird stocksauer, wenn ich zu spät bin. Dann schlägt er mich wieder windelweich. (Mia grinst ironisch)

MICHAEL
Schon gut. Ich wollte ja nur wissen, ob du die Leute kennst, die hier wohnen.

MIA
Nein. Und ich will sie auch nicht kennen. War's das?

MICHAEL (nähert sich Mia)
Nein. Wie heißt du?

MIA (überlegt kurz)
Melanie.

MICHAEL
Und weiter?

MIA (nervös)
Melanie Schulz. Wieso?!

MICHAEL
Seltsam, in diesem Haus ist niemand mit dem Namen Schulz gemeldet. (langer Blickkontakt) DU wohnst hier, oder? (er deutet auf die Wohnungstür)

MIA (hält nicht mehr stand)
Nehmen Sie mich jetzt mit?

MICHAEL (nickt)
...

MIA (verzweifelt)
Was wird aus meinen Katzen?
Jemand muss sie füttern.

MICHAEL
Wir schicken jemanden.

MIA (flehend)
Versprechen Sie es?

Michael nickt freundlich und packt Mia am Arm.

[Blende aus]

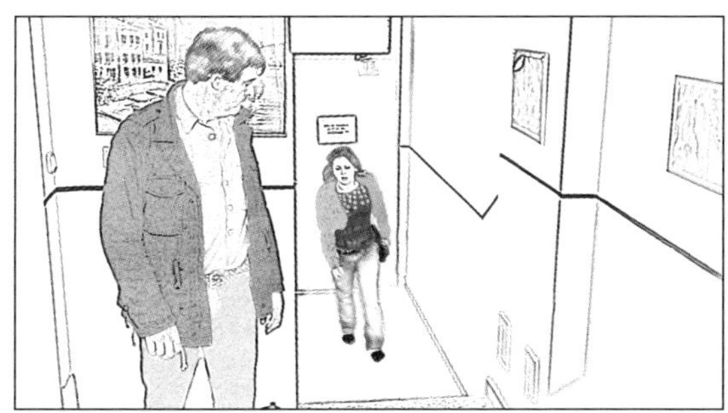

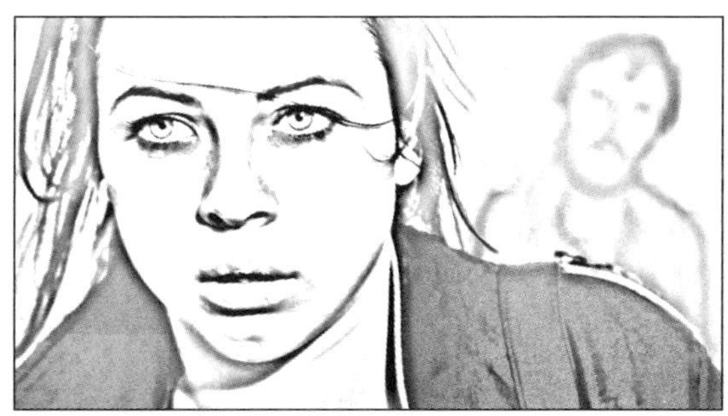

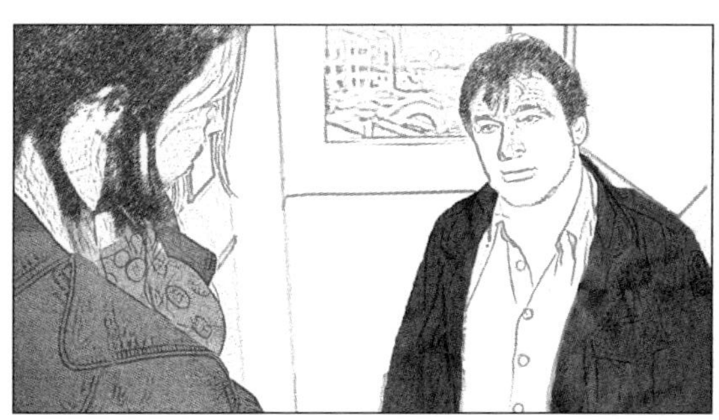

Kinodrama / TV-Serie

Schwere Bitte

1. Hauptrolle // 22-35 Jahre „Künstlerin“ / ausgeflippt / alternativ / sensibel
2. Hauptrolle // 22-35 Jahre „konservative Mutter“ / vornehm / streng / verbittert

Emotionalität/Bruch	1. Sarah: nervös wird zu enttäuscht 2. Mutter: freundlich wird zu streng / abweisend
Licht	Tageslicht
Spielort	Spielplatz / Park
Kostüm	1. Sarah: alternative Kleidung / farbenfroh 2. Mutter: Kostüm / feine Kleidung / konservativ
Mögliches Geheimnis	1. Sarah braucht das Geld für einen Auftragsmord. 2. Mutter bewundert heimlich Sarah.

SPIELPLATZ / AUSSEN – TAG

SARAH sitzt im Schneidersitz auf einer Mauer an einem Spielplatz und raucht eine Zigarette. Eine Frau kommt auf sie zu. Sarah wirft die Zigarette zu Boden und geht auf ihre Mutter zu.

SARAH (umarmt sie)
Mama – hi

MUTTER (pikiert)
Du rauchst noch?

SARAH (genervt)
Manchmal.

MUTTER
Du weißt doch, dass Onkel Günther an Lungenkrebs gestorben ist.
Ich kann nur sagen ...

SARAH
Mama – hör auf. Wollen wir uns setzen?

Sarah deutet auf eine Bank. Sie gehen rüber und setzen sich.

SARAH
Wie geht's dir? Ist die Renovierung fertig?

MUTTER
Ja, Gott sei Dank. Jetzt ist natürlich noch das Badezimmer dran. Am Sonntag besuchen uns Margarete und Siegfried. Möchtest du nicht auch kommen?

SARAH
Ja, sehr gern ... aber ich wollte dich eigentlich noch was fragen.

MUTTER
Ja?

SARAH
Es fällt mir schwer, wie du weißt, aber es ist mir sehr wichtig ... und ...
Ich wollte fragen, ob du mir Geld leihen kannst. Nur für ein, zwei Monate, dann kann ich's dir zurückzahlen.

MUTTER
Wozu brauchst du es?

SARAH
Es geht um einen Workshop, den ich gern mitmachen würde.

MUTTER
Hat es wieder mit diesem Kunstquatsch zu tun?

SARAH (enttäuscht)
Ja, das hat es, und es bedeutet mir sehr viel.

MUTTER
Tut mir leid, Sarah, aber ich investiere kein Geld für ein Hobby ... Das ist nicht gut für dich.

SARAH
Gut. Ich verstehe.

Sie steht auf und will gehen.

MUTTER (überrascht)
Aber wir wollten doch Kaffee trinken ...

SARAH
Du, ich muss gehen. Dieser „Kunstquatsch" wartet auf mich.

Sarah gibt ihrer Mutter einen flüchtigen Kuss auf die Wange und will gehen.

SARAH

Weißt du, es geht mir gar nicht um das Geld, aber dass du immer noch keine Ahnung davon hast, wer ich bin – und es auch überhaupt nicht wissen willst – das verletzt mich.

Sie geht.

[Blende aus]

TV-Film / Kinodrama

Standardimpfung

1. Hauptrolle // 25-50 Jahre „Ökomutter" / liebevoll / naiv / leicht devot / aggressiv
2. Hauptrolle // 25-50 Jahre „Ärztin" / taff / kompetent / fürsorglich / routiniert

Emotionalität/Bruch	1. Anne: ängstlich, unterwürfig wird zu resolut, weich wird zu hart 2. Ärztin: freundlich wird zu streng, selbstsicher wird zu besorgt, hilflos
Licht	Kunstlicht
Spielort	Krankenhaus / Untersuchungszimmer
Kostüm	1. Anne: Ökokleidung / Erdfarben / hochgeschlossen 2. Ärztin: Arztkittel / farbiger Rollkragenpullover
Mögliches Geheimnis	1. Anne ist in die Ärztin verliebt. 2. Die Ärztin hatte vor zwei Wochen eine Fehlgeburt.

KRANKENHAUS / INNEN – TAG

Eine junge Mutter, ANNE, ist mit ihrem Kind bei der Kinderärztin. Das Kind hat eine Platzwunde am Bein, welche von der ÄRZTIN versorgt wird.

ÄRZTIN

Das sieht schlimmer aus als es ist, ich werde das erst mal desinfizieren und klammern.

ANNE

Wirklich? Aber das ganze Blut ...

ÄRZTIN (freundlich)

Rot ist eine Signalfarbe, wenn die gleiche Flüssigkeitsmenge schwarz wäre, würde es Ihnen gar nicht mehr so viel vorkommen.

ANNE (verwundert)

Darüber habe ich noch nie nachgedacht ...

Die Ärztin beginnt, die Wunde zu desinfizieren. Das Kind verzieht das Gesicht.

ÄRZTIN (zum Kind)

So, das brennt jetzt ein wenig, das ist aber gleich vorbei.

Die Ärztin redet mit dem Kind und lobt es dafür, dass es nicht anfängt zu weinen.

ÄRZTIN (zu ANNE)
Wurde Tabea schon gegen Tetanus geimpft?

ANNE
Nein, ich lasse mein Kind nicht impfen.

ÄRZTIN
Aber Tetanus gehört zu den sechs empfohlenen Standardimpfungen ...

ANNE
Mein Kind wird kein Opfer der Pharmaindustrie und ihrer Propaganda.
Es soll die Chance haben, sein Immunsystem auf natürliche Art zu entwickeln.

Sie legt ihrem Kind den Arm um die Schultern.

ÄRZTIN (fassungslos)
Aber das ist gefährlich!

ANNE
Das haben sie bei Covid auch gesagt! Und?! Ich kenne bis heute niemanden, der daran gestorben ist. Gefährlich ist es höchstens, den kleinen Körper mit Chemikalien vollzupumpen.

ÄRZTIN
Tetanus ist ein ernst zu nehmendes Infektionsrisiko mit einem schrecklichen, kaum behandelbaren Krankheitsverlauf! Denken Sie doch an die Folgen!

Sie klammert die Wunde und klebt ein Pflaster drüber.

ANNE
Hören Sie schon auf, mir Angst zu machen. Ich habe mich informiert, Tetanus kommt in Europa praktisch überhaupt nicht vor!

ÄRZTIN
... weil in Europa dagegen geimpft wird!

ANNE
Ich glaube, Sie verwechseln da Ursache und Wirkung.

Anne wendet sich ihrem Kind zu.

ANNE (liebevoll)
Möchtest du, dass dich die Frau Doktor mit einer Nadel pikt?

Das Kind schüttelt heftig den Kopf. Anne sieht die Ärztin triumphierend an.

ÄRZTIN
Das ist wohl kaum eine Entscheidung, die Ihr Kind treffen sollte. Genauso gut könnte ich es fragen, ob es von schrecklichen Krämpfen geschüttelt werden oder das Bein amputiert bekommen möchte ...

Das Kind sieht die Ärztin erschrocken an.

ANNE
Sie haben recht, es ist nicht die Entscheidung meines Kindes, sondern meine. Und ich habe mich zu seinem Besten gegen Impfungen entschieden! Ich kenne die Liste der Nebenwirkungen.

ÄRZTIN
Das sind doch vor allem bedauerliche Einzelschicksale.

ANNE
Einzelschicksale, die immer noch häufiger vorkommen als Tetanusinfektionen in Zentraleuropa. Komm ... wir sind hier fertig!

Mutter und Kind verlassen den Behandlungsraum.

Die Ärztin sieht ihnen fassungslos hinterher.

[Blende aus]

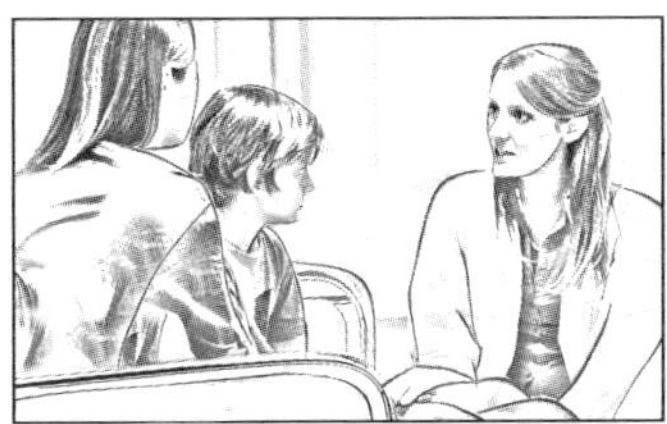
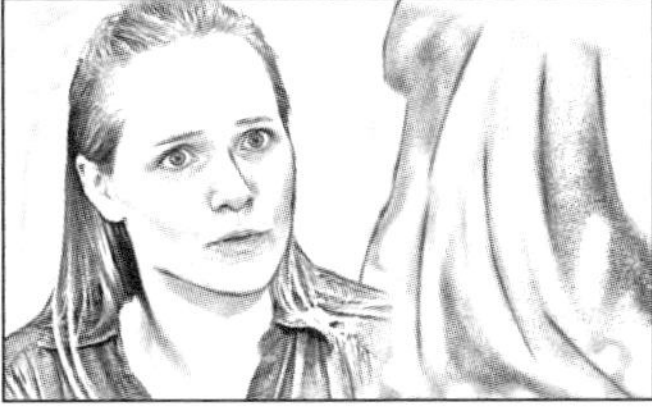
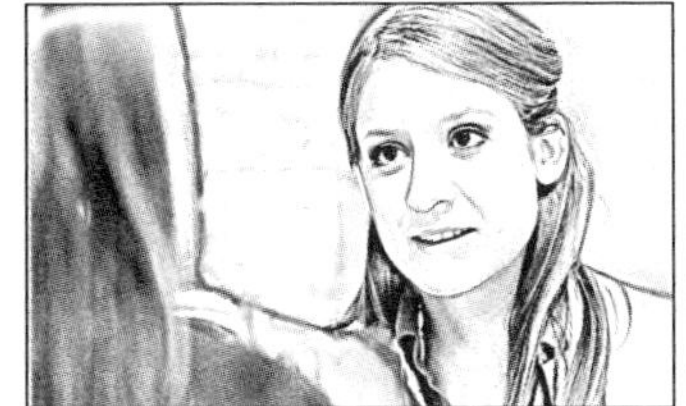

Kinodrama

Überrascht

Hauptrolle // 18-28 Jahre „arbeitslose Mutter“ / kaputt / frustriert / taff
Anspielpartner //50-65 Jahre „Vater“

Emotionalität/Bruch	müde / fair wird zu aggressiv / freundlich wird zu wütend
Licht	Tageslicht
Spielort	Straße / vor dem Haus
Kostüm	ärmliche Kleidung / Lederjacke / Sportschuhe
Mögliches Geheimnis	1. Rebecca ist ein Messi. 2. Rebecca hat einen Abschiedsbrief in der Tasche.

VOR DEM HAUS / AUSSEN – TAG
REBECCA kommt um die Ecke. Sie will zu ihrer Wohnung. Vor der Tür steht ihr Vater GÜNTHER. Rebecca hat eine alte, viel zu große Jacke an und strähnige Haare – sie trägt zwei Einkaufstüten. Überrascht bleibt sie stehen.

GÜNTHER
Hallo Becca ...

Rebecca schaut ihn unsicher an. Dann geht sie einen weiteren Schritt auf die Tür zu.

REBECCA (kühl)
Papa ...

GÜNTHER (vorsichtig)
Ich hab versucht, dich anzurufen ...

REBECCA
Mein Handy ist gesperrt. Konnte die letzte Rechnung nicht zahlen.

GÜNTHER
Kann ich kurz reinkommen?

REBECCA
Ehrlich gesagt, nein. Ich weiß auch gar nicht, was du hier willst ...

GÜNTHER
Ich will wissen, wie es dir geht ... und wie es Lois geht ...

REBECCA (müde)
Es geht ihm gut. Manne passt auf ihn auf ...

GÜNTHER (wach)
Ich will nicht, dass sich dieser Drogensüchtige um ihn kümmert.

REBECCA
Geht das schon wieder los!? Deswegen bist du also hier ... willst wissen, wie es mir geht ... hätte ich mir ja denken können. Ich hab dir nichts zu sagen. Abgesehen davon, dass es dich gar nichts angeht, bei wem ich meinen Sohn lasse.

GÜNTHER
Doch, das tut es. Rebecca ... bitte ...

REBECCA
Was willst du?! Ich muss jetzt rein – die Pizza taut.

Rebecca will reingehen und ihren Vater stehen lassen. Sie holt den Schlüssel raus.

GÜNTHER (streng)
Ich werde das so nicht hinnehmen.

REBECCA
Das wirst du müssen. Lois ist mein Kind und wenn du nicht willst, dass er seinen Opa nie kennenlernt, dann halt dich aus meinem Leben raus.

[Blende aus]

Kinodrama

Urlaubsanfang

Hauptrolle // 28-40 Jahre „Mutter in Trennung“ / selbstbewusst / liebevoll
1. Anspielpartner // 28-40 Jahre „Exmann“
2. Anspielpartner // 5-8 Jahre „Kind“

Emotionalität/Bruch	verletzt / versucht stark zu sein
Licht	Tageslicht
Spielort	am Auto / vor dem Haus
Kostüm	leger / sportlich
Mögliches Geheimnis	1. Charlotte hat einen neuen Freund. 2. Philip will Charlotte zurück.

AM AUTO / AUSSEN - TAG
Urlaubsanfang. CHARLOTTE steht an ihrem Auto. Es geht in die Ferien. Das Auto ist schon halb vollgepackt. Charlotte hat Tim auf dem Arm. PHILIP kommt aus dem Haus mit weiteren Koffern. Er versucht, diese im Wagen zu verstauen. Charlotte sieht zu.

CHARLOTTE (angespannt)
Das passt doch so nicht. Du musst ihn längs legen.

PHILIP
Ich schaff das schon.

CHARLOTTE (genervt)
Ach ja, du bist ein Packgenie.

PHILIP (angestrengt)
So ist es.

CHARLOTTE
Längs!

Philip verliert langsam die Geduld.

CHARLOTTE
Sag mal, seh ich das richtig, dass du die Kiste mit den Lebensmitteln ganz nach unten gestellt hast?! Da sind Timmys Bananen drin.

PHILIP
Ja, aber es passt sonst nicht.

CHARLOTTE
So passt es auch nicht.

Philips Handy klingelt.

PHILIP
Ja, hallo ... für dich - deine Mutter -

Philip gibt Charlotte das Handy und versucht sich erneut am Auto.

CHARLOTTE
Ja, Mama, ich ruf dich später an, okay? ...
(Charlotte versucht unterdessen, Timmy anzuschnallen)
Weil Philip gleich fährt. Ja, okay. (sie legt auf)
So, Timmy ... jetzt geht's gleich los. Du wirst gaaanz viel Spaß mit Papa haben.
Und wir sehen uns ganz bald wieder, okay?!

Philip stopft alles ins Auto und schlägt die Klappe mit Mühe zu.
Charlotte schlägt Timmys Tür zu und geht auf Philip zu. Sie stehen sich gegenüber.

PHILIP (erschöpft)
So.

CHARLOTTE
So ... Tja, also ... (mit Blick aufs Auto) hat ja doch alles gepasst.

PHILIP
Ja.

CHARLOTTE (liebevoll)
Timmy braucht auch im Moment keine Bananen ...

PHILIP
Er hat ja eben was gegessen.

CHARLOTTE
Genau ... na dann.

PHILIP
Ich meld mich, wenn wir da sind.

CHARLOTTE
Okay.

Philip macht eine unentschiedene Bewegung auf Charlotte zu, stoppt, und dann dreht er sich um und steigt ein. Charlotte bleibt zurück.

[Blende aus]

TV-Serie

Verdacht

Hauptrolle // 28-55 Jahre „Ärztin“ / kompetent / intelligent / freundlich
1. Anspielpartner // 22-40 Jahre „naive Mutter“
2. Anspielpartner // 6-10 Jahre „Kind“

Emotionalität/Bruch	professionell / besorgt / misstrauisch / kinderlieb wird zu ernst
Licht	Kunstlicht
Spielort	Arztpraxis
Kostüm	Arztkittel / darunter sportlich leger
Mögliches Geheimnis	1. Anna kann keine Kinder bekommen. 2. Annas Freund hat sie gestern verlassen.

ARZTPRAXIS / INNEN – TAG

ANNA, eine junge Kinderärztin, kommt ins Wartezimmer. Sie hat einen kleinen Jungen, Matthes, an der Hand. Auf einem Stuhl sitzt ULRIKE, die Mutter von Matthes. Sonst ist niemand da. Anna führt Matthes zu einer Kiste mit Spielsachen.

ANNA (zu Matthes)
Hier, Matthes, wie ich versprochen habe – ganz viele Spielsachen.
Ich red noch ein bisschen mit deiner Mama, ja?!

Matthes setzt sich zu den kleinen Autos und beginnt, damit zu spielen.
Anna setzt sich zu Ulrike, die beunruhigt Anna anschaut.

ULRIKE
Was ist los mit ihm?

ANNA
Das kann ich Ihnen nicht genau sagen. Es ist jedenfalls nichts Körperliches.

ULRIKE (besorgt)
Was soll das heißen?

ANNA
Das heißt, ich kann hier nichts für Ihren Sohn tun.

ULRIKE (verzweifelt)
Aber wer kann mir denn helfen? Ich meine, Sie sehen doch selber, dass es ihm schlecht geht.

ANNA
Das sehe ich, ja. Ich denke, er braucht psychologische Betreuung.

ULRIKE
Mein Sohn ist doch kein Psycho!

ANNA
Natürlich nicht, Frau Masur, aber wie Sie schon sagten, Matthes braucht Hilfe und zwar schnell. Irgendwas stimmt nicht, irgendwas, das er uns nicht erzählt …

ULRIKE
Sie haben doch keine Ahnung.

Ulrike steht auf und nimmt Matthes an die Hand. Sie will gehen.

ANNA
Deshalb will ich ja, dass er von einem Spezialisten untersucht wird.

ULRIKE
So ein Quatsch! Sie wollen ihn nur verrückt machen.

Ulrike öffnet die Tür.

ANNA (ernst)
Ich werde es dem Jugendamt melden müssen, Frau Masur.

ULRIKE
Tun Sie, was Sie nicht lassen können.

Ulrike verlässt das Zimmer. Anna bleibt zurück.

[Blende aus]

Kinodrama – „Drittes Reich“

Verschleppt

Hauptrolle // 18-28 Jahre „junge Jüdin“ / mutig / taff / emotional
Anspielpartner // 45-70 Jahre „seltsamer Nachbar“

Emotionalität/Bruch	besorgt wird zu panisch
Licht	Tageslicht
Spielort	vor alten Gebäuden / Altbauten / Haustür
Kostüm	1930er- bis 1950er-Jahre-Kleidung / erdfarben / Rock / Strickjacke
Mögliches Geheimnis	1. Marie hat hohes Fieber.
	2. Marie glaubt, dass Martin ein Nazi ist.

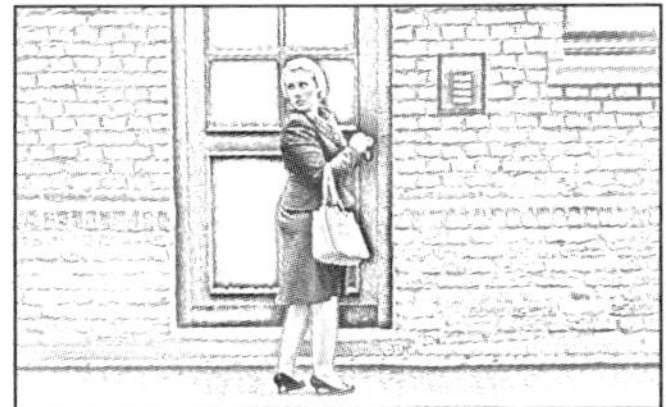
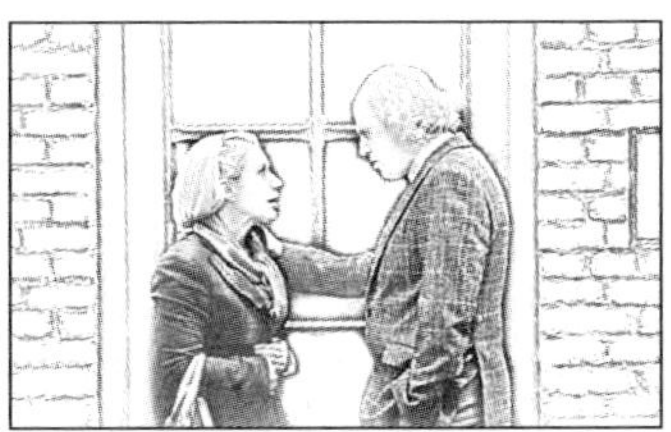
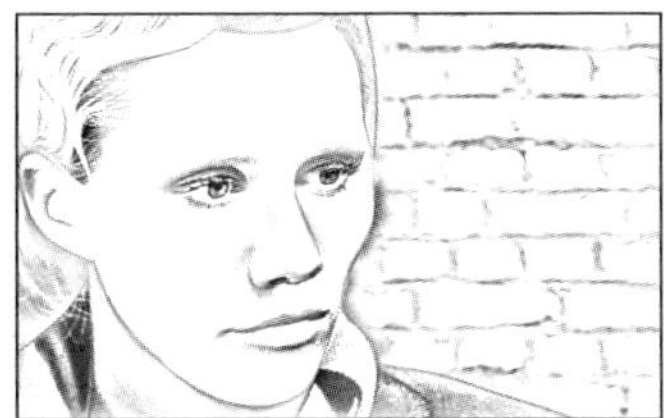

VOR EINEM HAUS / AUSSEN – TAG
MARIE kommt an eine Haustür. Sie will klingeln, doch sie zögert. MARTIN tritt hinzu.

MARTIN
Sie sind nicht mehr da.

Marie erschreckt sich und starrt Martin an.

MARIE (geschockt)
Woher wissen Sie das?

MARTIN (traurig)
Ich hab gesehen, wie sie abgeholt wurden ...

MARIE
Wer sind Sie?

MARTIN
Jemand, der weiß, dass es in diesen Zeiten besser ist, niemandem zu vertrauen.

MARIE (hoffnungsvoll)
Sie wohnen hier, oder?! Lissi hat von Ihnen erzählt ... Sie hat gesagt, dass Sie ein gutes Herz haben. Dass Sie ihrer Familie geholfen haben und dass Sie ...

MARTIN (sich selbst anklagend)
Ich hab nichts getan ... als man sie abgeholt hat, hab ich nichts dagegen getan ...

MARIE
Wann war das?

MARTIN (abwesend)
Am Dienstag.

MARIE (energisch)
Wo hat man sie hingebracht?

MARTIN (streng)
Weg ... sie kommen nicht mehr wieder. Niemand kommt wieder ...

MARIE
Das darf nicht sein ... es muss einen Weg geben ... Bitte helfen Sie mir, sie zu finden ...

MARTIN (packt Marie an der Schulter)
Hey, Mädchen. Denk nicht darüber nach. Du bist doch auch Jüdin ...

Marie starrt Martin mit großen Augen an. Er blickt ihr in die Augen, als könne er ihre Gedanken lesen. Sie bekommt es mit der Angst zu tun.

MARIE
Nein! Ich ...

MARTIN (panisch)
Dann versteck dich irgendwo. Denn wenn sie dich finden, ist es zu spät ...
ich hab nichts getan, um sie aufzuhalten ...

MARIE (ängstlich)
Es tut mir leid ... ich ...

MARTIN
Ja, mir auch ...

Marie stolpert langsam rückwärts. Sie dreht sich um und rennt weg.
[Blende aus]

Action / Krimi

Am Abgrund // Begegnung zweier Welten // Beschattet // Briefkästen // Der Stalker // Erpressung // Kronzeuge // Match // Rückendeckung // Verhör auf dem Spielplatz // Vermisstensuche // Zu spät

Action / TV-Krimi / Drama

Am Abgrund

1. Hauptrolle // 25-45 Jahre „Polizistin“ / taff / sportlich / kompetent / fürsorglich
2. Hauptrolle // 25-45 Jahre „verzweifelte Mutter“ / ungepflegt / verwirrt / naiv / herzlich

Emotionalität/Bruch	1. Marleen: angespannt / ängstlich wird zu mutig / selbstsicher wird zu emotional / verzweifelt 2. Luisa: ängstlich / erschöpft / verzweifelt wird zu nachdenklich
Licht	Tageslicht
Spielort	Hausdach / Parkdeck
Kostüm	1. Marleen: sportlich, Jeans, Lederjacke, schwarze Sportschuhe 2. Luisa: Schlafkleidung, Bademantel, viel zu große Männerkleidung
Mögliches Geheimnis	1. Marleen hat schreckliche Höhenangst. 2. Luisa hat starke Schlaftabletten genommen.

DACH EINES HOCHHAUSES / AUSSEN – TAG
MARLEEN stürmt aus der Tür zum Treppenhaus. Sie hat die Pistole am Anschlag und schaut sich um. Dann biegt sie um eine Ecke. Sie sieht LUISA am Rand des Daches.

MARLEEN
Halt! Bleiben Sie stehen!

LUISA (verzweifelt)
Kommen Sie nicht näher.

MARLEEN
Ich leg die Waffe hin, okay?!

Marleen legt vorsichtig die Pistole auf den Boden und schiebt sie mit dem Fuß in Richtung Luisa. Luisa starrt verzweifelt nach unten. Achtet kaum auf Marleen.

MARLEEN (versucht, die Coole zu spielen)
Kommen Sie besser her, sonst fallen Sie mir da noch runter. Dann hab ich wieder so viel Papierkram und ich muss doch heute noch in die Oper …

LUISA (verwirrt)
Was?

MARLEEN
Ja, ich hab so bescheuerte Freunde, die versuchen ständig, mich zu verkuppeln und ...

LUISA (schreit)
Was wollen Sie von mir?!

MARLEEN (nähert sich Luisa langsam)
Ich will, dass Sie herkommen.

LUISA
Sie wollen mich ins Gefängnis stecken. Dann seh ich meine Kleine nie wieder.

MARLEEN (ernst)
Nein. Ich will Ihnen helfen.

LUISA
Sie wissen nichts von mir. Sie haben doch keine Kinder!
Sie wissen nicht, was ich durchmache.

MARLEEN
Das stimmt. Ich hab keine Kinder. Aber ich weiß, was es bedeutet, jemanden zu verlieren.

Luisa starrt sie mit großen Augen an.

MARLEEN
Es war im ersten Polizeijahr. Ich war mit meinem Kollegen unterwegs.
Wir waren Freunde, wissen Sie. Gute Freunde ... vielleicht sogar mehr ...

Nina nähert sich immer mehr.

MARLEEN (angestrengt)
Und dann, bei einer Nachtschicht – eine simple Prügelei – ich verlor die Kontrolle über die Männer, einer flippte aus. Stach meinen Freund nieder. Er starb im Krankenhaus. Mit 32 ...

Nina steht jetzt direkt hinter Luisa. Sie nimmt vorsichtig Luisas Hand. Luisa schaut Nina an.

LUISA
Ich kann nicht leben ohne sie.

Luisa springt. Marleen ist geschockt.

[Blende aus]

TV-Krimi / Kino

Begegnung zweier Welten

1. Hauptrolle // 25-35 Jahre „junge Polizistin“ / unerfahren / unsicher / ängstlich / misstrauisch
2. Hauptrolle // 22-35 Jahre „hinterhältige Prostituierte“ / selbstbewusst / clever / taff / sexy
Anspielpartner // 40-60 Jahre „älterer Polizist“

Emotionalität/Bruch	1. Tamara: ängstlich wird zu misstrauisch 2. Tanya: verführerisch / neugierig wird zu hinterhältig
Licht	Tageslicht
Spielort	Straße / vor einem Gebäude / Industriegebiet
Kostüm	1. Tamara: Polizeiuniform, sonst Jeans und Lederjacke 2. Tanya: sexy Kleidung, Minirock, Top, Jeansjacke, Absatzschuhe
Mögliches Geheimnis	1. Tamara findet Tanya attraktiv. 2. Heinz war Kunde bei Tanya.

STRASSE / AUSSEN - TAG
TAMARA, eine junge Polizistin, ist mit ihrem älteren Kollegen HEINZ auf Streife. Plötzlich bleibt Heinz stehen.

HEINZ
Ich muss mal eben was besorgen, du wartest hier!

TAMARA (blickt sich fast panisch um)
Hier? Aber ...

HEINZ
Ja, was denn? (spöttisch) Versuch bloß, dir nicht in den Fuß zu schießen.

Heinz verschwindet im Haus. Tamara bleibt stehen, blickt sich um, umschlingt den Oberkörper mit den Armen und versucht die Kälte aus ihren Gliedern zu vertreiben. Plötzlich steht eine Prostituierte neben ihr.

TANYA
Haste Feuer?

Tamara erschrickt und weicht einen Schritt zurück.

TAMARA (streng)
Was? Nein!

TANYA
Brauchst ja nicht gleich so zu brüllen, ich weiß, was du bist.

TAMARA
Nichtraucherin?

TANYA (verdreht die Augen)
Nee, du bist die Neue vom Heinz, stimmt's?

Tanya kramt in ihrer Handtasche und findet ein Feuerzeug. Sie versucht es anzukriegen, aber es ist leer. Tamara mustert Tanya eingehend.

TAMARA
Seine neue Kollegin meinen Sie?

Tanya nickt, sie versucht immer noch, das Feuerzeug in Gang zu bringen.

TANYA (grinst)
Klar, was sonst?!

Sie schweigen. Tamara versucht, durch ihre Körperhaltung auszudrücken, dass sie nichts mit Tanya zu tun hat.

TANYA
Haben sie seine letzte Partnerin eigentlich inzwischen gefunden?

TAMARA
Seine letzte Kollegin? Was ist mit ihr?

TANYA
Ach, sach bloß, das weißte nicht? Deine Vorgängerin ist doch spurlos verschwunden.
(sie schnippt mit den Fingern) Zack, einfach weg.

Sie sieht einen rauchenden Passanten.

TANYA
Hey Süßer, haste mal Feuer?

Der Passant sieht die Polizeiuniform von Tamara und beschleunigt seine Schritte.

TAMARA (zu sich selbst)
Das hab ich nicht gewusst.

Tamara scheint langsam ein Sachverhalt klar zu werden, über den sie schon länger nachgegrübelt hat.

TAMARA (zu Tanya)
Was ist passiert?

TANYA
Kannst du dir das nicht denken? Oder weißt du etwa auch nicht, was dein Kollege immer da drin macht? (sie nickt mit dem Kopf in Richtung des Gebäudes, in dem Heinz verschwunden ist)

Tamara wird es langsam zu blöde. Sie will sich nicht länger vorführen lassen.

TAMARA
Nein, ich habe keine Ahnung, was es für ein Gebäude ist. Ich schlage vor, Sie klären mich auf.

TANYA
(lacht) Na, das verrate ich dir wohl besser nicht, sonst verschwindest du auch noch. (verschwörerisch) Unwissenheit ist der beste Schutz.

Tanya dreht sich um und geht. Tamara ist sauer, sie packt sie an der Schulter und versucht sie herumzureißen. Tanya wehrt sich dagegen und stürzt.

TAMARA
Du sagst mir jetzt sofort, was du weißt!

Tanya ist irritiert durch die neue Perspektive. Im Hintergrund kommt Heinz aus dem Gebäude.

HEINZ
Was ist denn hier los?

Tanya schaltet sofort in die Opferrolle um und schluchzt mit weinerlicher Stimme.

TANYA
Ich weiß es nicht. Sie ist einfach auf mich losgegangen! Das, das ist polizeiliche Willkür! Ich beschwere mich über euch!

HEINZ (hilft Tanya auf die Beine)
Meine Kollegin ist noch etwas unerfahren, es tut ihr natürlich sehr leid.
(er sieht Tamara streng an) Stimmt's?

Tamara ist in einer Zwickmühle. Einerseits möchte sie Heinz nicht berichten, was sie von Tanya erzählt bekommen hat, andererseits fühlt sie sich von ihr peinlich vorgeführt. Tanya dagegen merkt, dass sie die Situation voll unter Kontrolle hat, in ihren Augen glitzert Triumph.

[Blende aus]

Kinokrimi / Drama

Beschattet

Hauptrolle // 25-42 Jahre „Undercover Polizistin“ / taff / intelligent / emotional
Anspielpartner // 25-55 Jahre „Bad Guy“

Emotionalität/Bruch	professionell / ängstlich wird zu mutig
Licht	Tageslicht
Spielort	Taxi / Auto
Kostüm	Rollkragenpullover, schwarze Lederjacke
Mögliches Geheimnis	1. Selma weiß, dass seine Waffe nicht geladen ist. 2. Selma ist schwanger und hat Angst um ihr Kind.

IM TAXI / INNEN – TAG
SELMA sitzt im Taxi und hält sich eine Zeitung vor das Gesicht. Immer wieder lugt sie über den Rand. Sie hat ein Headset im Ohr und erstattet Bericht ...

SELMA
Verdächtige Person hat soeben die Wohnung betreten ... Es ist 14 Uhr 12.

Plötzlich steigt ein älterer Mann ein.

GREGOR
Fürst-Pückler-Straße 43.

Selma erschrickt und dreht sich zu dem Herrn um.

SELMA
Entschuldigen Sie, aber ich bin besetzt.

GREGOR
Nein, sind Sie nicht. Bitte fahren Sie jetzt.

SELMA (unwirsch)
Ich werde Sie nirgendwo hinfahren. Bitte steigen Sie jetzt aus.

GREGOR (freundlich)
Ihr Name ist Selma, nicht wahr?!

SELMA (geschockt)
Wer sind Sie?

GREGOR
Das ist nicht die Frage. Die Frage ist, wie viel Zeit Ihnen noch bleibt.

Selma schaut GREGOR geschockt über den Rückspiegel an. Dann zieht Gregor eine Pistole und hält sie Selma an den Kopf. Er nimmt ihr das Headset aus dem Ohr. Selma zittert ...

SELMA
Ich weiß jetzt, wer Sie sind ... ich erkenne Ihre Stimme ... Sie haben meine Schwester auf dem Gewissen. Sie hat Ihnen vertraut.

GREGOR
Das war nicht geplant. Sie war einfach im Weg.

SELMA (voller Hass)
Wenn Sie das besser schlafen lässt ... Und nun? Wollen Sie mich auch erledigen?! Dann machen Sie schnell. Denn eins verspreche ich Ihnen. Meine Kollegen sind in zwei Minuten hier und Sie werden im Knast verrotten.

GREGOR
Es sei denn, wir kooperieren ...

Selma schaut geschockt.

[Blende aus]

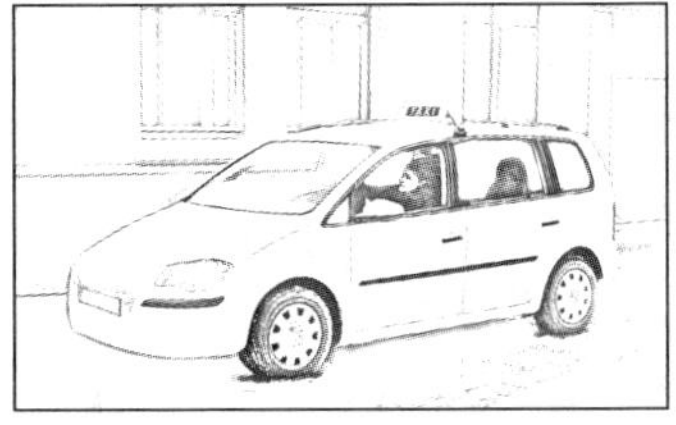

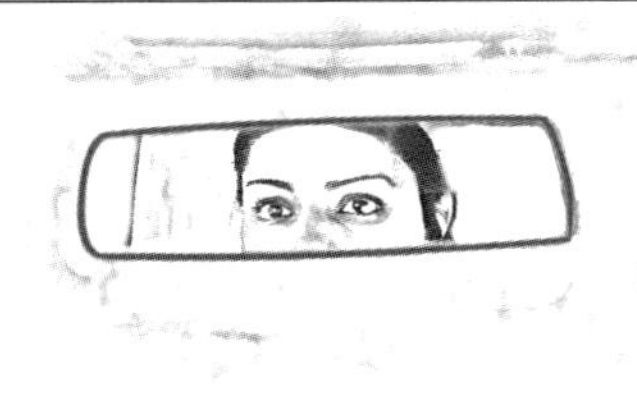

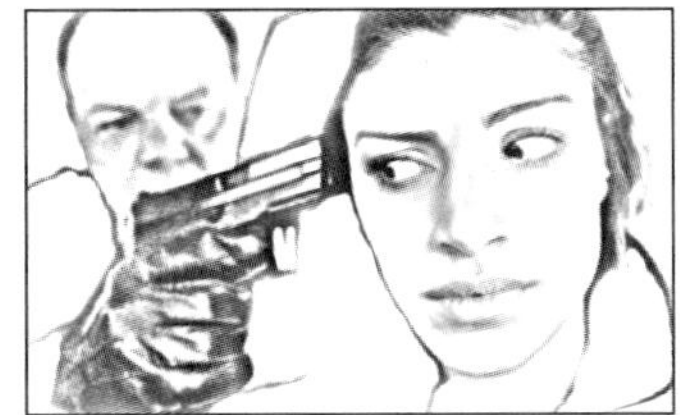

TV-Krimi

Briefkästen

Hauptrolle // 20-28 Jahre „Studentin“ / freundlich / gedankenverloren / humorvoll
Anspielpartner // 50-60 Jahre „Vater-Polizist“

Emotionalität/Bruch	gelassen wird zu erschrocken / besorgt
Licht	Kunstlicht
Spielort	Hausflur
Kostüm	legere Kleidung / farbenfroh / sportlich
Mögliches Geheimnis	1. Lisa steckt mit Bine unter einer Decke. 2. Lisa ist Messi und kann den Vater nicht in die Wohnung lassen.

FLUR / INNEN - TAG

Ein Hausflur ist zu sehen, die Haustüre wird geöffnet und LISA kommt herein. Ein automatischer Schließmechanismus lässt die Türe langsam zufallen. Lisa geht zu den Briefkästen und öffnet ihn. Kurz bevor die Haustür ins Schloss fällt, erscheint eine Hand in dem Spalt und ERICH schlüpft unbemerkt hinein. Lisa sortiert immer noch ihre Post, als sich von hinten eine Hand über ihren Mund legt. Erich zieht die entsetzte junge Frau an sich, die heftig versucht sich zu wehren, aber keine Chance hat.

ERICH
Habe ich dir nicht tausend Mal gesagt, du sollst aufpassen, dass die Türe ins Schloss fällt?

Er lässt Lisa los.

LISA (wütend)
Mensch, Papa! Bist du wahnsinnig?

ERICH
Nein, besorgt. Und das völlig zu Recht!

LISA (immer noch wütend)
Was machst du hier?

ERICH
Du hast dich so lange nicht gemeldet und nach allem, was passiert ist ...

LISA
... dachtest du, du kommst mal vorbei und erschreckst mich zu Tode, oder wie!?

ERICH
Stell dir doch mal vor, ich wäre der Typ gewesen!

LISA (beruhigt sich langsam wieder)
Du und deine Paranoia! Als ob der zweimal ins selbe Haus einbrechen würde. Außerdem habt ihr ihn doch inzwischen.

Erich sieht seine Tochter besorgt an.

LISA (irritiert)
Oder nicht?

ERICH
Deshalb bin ich hier, ich muss mich noch mal mit deiner Mitbewohnerin unterhalten.

LISA
Aber sie hat ihn doch schon identifiziert ...

ERICH
Ja, ich weiß. Aber irgendwas an ihrer Aussage passt nicht zu dem Typen, den wir festgenommen haben. Ich komm nur nicht drauf, was es ist.

LISA
Aber Bine ist immer noch bei ihren Eltern.

ERICH
Bei ihren Eltern?

LISA
Ja, das weißt du doch.

ERICH
Soweit ich weiß, hat sie ihren Eltern eine SMS geschrieben, dass sie eine Klausur schreiben muss und morgen erst kommt.

LISA
Quatsch, doch nicht mitten im Semester ... (begreift) Oh, mein Gott!

[Blende aus]

Thriller / TV-Krimi

Der Stalker

Hauptrolle // 15-20 Jahre „taffes Opfer“ / hübsch / fair / sexy / clever
Anspielpartner // 16-35 Jahre „Stalker“ / nerdig / unberechenbar / unsicher / autistisch

Emotionalität/Bruch	ängstlich
Licht	Tageslicht
Spielort	Wald
Kostüm	sexy Jeans, T-Shirt oder Pulli
Mögliches Geheimnis	1. Sarahs Freund hört auf ihrem Handy in ihrer Tasche mit 2. Sarah ist schwanger.

WALD / AUSSEN – TAG
SARAH wird auf den Boden geworfen. Ihre Hände sind hinter ihrem Rücken zusammengebunden. Sie trägt eine Augenbinde. Sie zittert vor Angst. PATRICK entfernt sich ein paar Schritte und holt eine Pistole aus der Tasche. Er reißt Sarah die Augenbinde ab und zielt auf sie.

SARAH (blinzelt gegen die Sonne)
Was willst du?!

PATRICK
Du hast es deinen Freunden gezeigt!

SARAH
Was?! Wovon sprichst du?!

PATRICK
Das war nur für dich bestimmt.

SARAH
Ich kenn dich doch!

PATRICK
Nein – das tust du nicht.

SARAH (versucht zu lächeln)
Patrick, oder? DU hast mir die Mails geschrieben! Und das neulich Nacht in der Garage – das warst auch du, oder?!

Patrick blickt Sarah erschrocken an.

Nein! Das ist nicht schlimm! Ich bin ja froh, dass du es warst! Weißt du, es hätte ja auch ein mieses Arschloch sein können, dass mich umbringen will oder so.

PATRICK
Woher weißt du, dass ich nicht dieses Arschloch bin!

SARAH
Das ist doch offensichtlich. Du willst mich beschützen. Das hast du ja auch immer gesagt und ... ich geb zu, ich hab das nicht sofort gerafft, aber jetzt, wo ich dich sehe, verstehe ich.

PATRICK
Das sagst du nur so.

SARAH
Patrick, hör zu. Wir können das hier ganz einfach aus der Welt schaffen. Du machst mich los und ich erzähls niemandem. Und wenn du Lust hast, gehen wir einfach mal zusammen aus. Auf einen Kaffee oder so. Oder Kino! Du magst doch Filme!

PATRICK
Und dein Freund?

SARAH
Ach der! Den hab ich eh nur wegen meiner Follower. So als Alibi, weißt du. Damit ich nicht dauernd angebaggert werde. Ich glaub, der ist eh schwul.

Patrick lässt die Pistole sinken und geht auf Sarah zu. Er schaut sie lange an und kommt dann sehr nah an ihr Gesicht.

PATRICK
Netter Versuch.

SARAH (schreit)
Fick Dich doch! Hilfe! Warum hört mich niemand?!

[Blende aus]

Thriller / TV-Krimi

Erpressung

Hauptrolle // 15-20 Jahre „Bitch“ / hübsch / manipulierend / sexy / clever
Anspielpartner // 40-65 Jahre „Lehrer“

Emotionalität/Bruch	freundlich wird zu fies
Licht	Tageslicht
Spielort	Schulparkplatz
Kostüm	sexy Kleidung, Rock, Bluse, Lederjacke
Mögliches Geheimnis	1. Romy ist bewaffnet. 2. Romy wird von ihren Eltern geschlagen, wenn sie schlechte Noten bekommt.

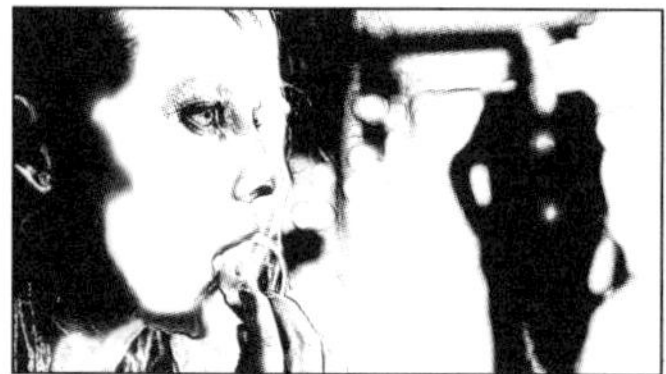

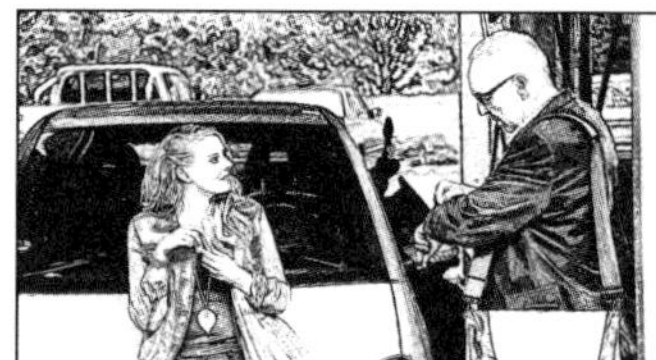

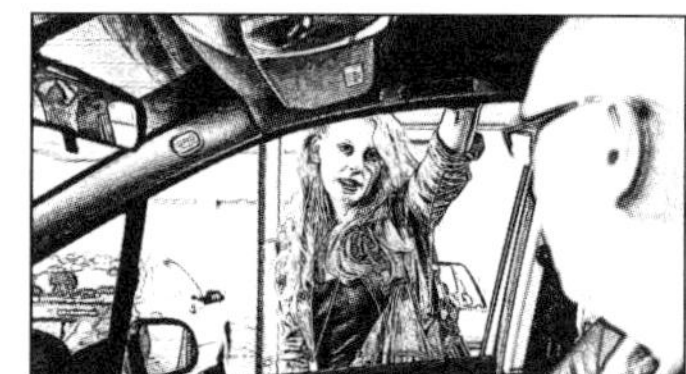

PARKPLATZ / AUSSEN – TAG
ROMY, eine hübsche blonde Schülerin, steht an ein Auto gelehnt und zieht ihren Lippenstift nach. GÜNTHER, ihr Lehrer, kommt auf das Auto zu. Romy ignoriert Günther und schaut weiter in den Spiegel.

ROMY (überfreundlich)
Oh, Herr Ries, Entschuldigung. Ich hab Sie gar nicht gesehen.

GÜNTHER (streng)
Romy. Hast du jetzt nicht Englisch bei Frau Winter?

ROMY (grinst arrogant)
Vielleicht ... Vielleicht auch nicht.

GÜNTHER
Würdest du bitte von meiner Motorhaube weggehen.

ROMY (verführerisch)
Natürlich, Herr Ries, für Sie mach ich doch alles.

Günther will einsteigen.

ROMY (harter Ton)
Wir müssen noch mal über meine Arbeit sprechen.

GÜNTHER
Ich denke, das Ergebnis ist eindeutig.

ROMY
Das denke ich nicht.

GÜNTHER
Wie bitte?

ROMY
Ich werde damit nicht versetzt, und das bedeutet, dass ich noch ein weiteres Jahr in diesem Drecksloch bleiben muss.

GÜNTHER (abweisend)
Das tut mir sehr leid.

Günther steigt ein. Romy klopft zuckersüß an die Scheibe. Günther kurbelt die Scheibe hinunter. Sie hockt sich vor das Fenster und strahlt ihn an.

ROMY
Das sollte es auch. Denn wenn ich richtig auspacke und wir reden hier von wirklich schmutzigen Geschichten, dann könnte Ihre Karriere ganz schnell vorbei sein.

GÜNTHER
Drohst du mir etwa?

ROMY
So sieht das wohl aus, oder? Sie sind noch ganz schön auf Zack für Ihr Alter. Ich denke 'ne 3 würde uns beiden die Sache erleichtern.

Romy lächelt und schlendert weg.

[Blende aus]

Kinothriller / TV-Krimi

Kronzeuge

Hauptrolle // 28-55 Jahre „Kommissarin“ / ehrgeizig / taff / ernst
Anspielpartner // 25-40 Jahre „Gauner“

Emotionalität/Bruch	professionell / streng / ehrgeizig / engagiert / cool
Licht	Tageslicht
Spielort	Eisenbahnbrücke o.Ä.
Kostüm	elegant-sportliche Kleidung, dunkle Farben, Schuhe mit kleinem Absatz
Mögliches Geheimnis	1. Dieser Zeuge kann Hannas Unschuld beweisen. 2. Hanna pokert nur. Sie kann dem Zeugen keinen Schutz bieten.

EISENBAHNBRÜCKE / AUSSEN – TAG
HANNA geht die Eisenbahnbrücke entlang auf jemanden zu, der am Geländer lehnt und aufs Wasser schaut. Sie lehnt sich ebenfalls ans Geländer und lässt den Blick schweifen. Dann wirft sie LEO einen kurzen Blick zu.

HANNA
Schönes Wetter heute ...

LEO
Hören Sie auf mit dem Geplänkel, dafür habe ich wirklich keine Zeit ... sind die Tickets gebucht?

Hanna schaut Leo nun direkt an und nimmt ihre Sonnenbrille ab.

HANNA
Jetzt hören Sie mal zu, hexen kann ich auch nicht, vor allem nicht im Hinblick auf Ihr Strafregister. Oder denken Sie, dass es Sie glaubwürdiger macht, wenn Sie einfach nicht zum Gerichtstermin erscheinen?

LEO
Das habe ich Ihnen schon erklärt ... da war jemand vor meinem Haus, die ganze Nacht haben die Typen mich beobachtet, ich musste untertauchen ...

HANNA

Meine Kollegen hätten schon auf Sie aufgepasst, Sie müssen mir vertrauen ...

Leo wendet sich Hanna zu und zündet sich nervös eine Zigarette an.

LEO

Ich kann im Moment niemandem vertrauen, ich weiß zu viel und das wissen diese Typen auch. Ich muss endlich aus diesem Land verschwinden ...

Hanna tritt näher an Leo heran und schaut ihm fest in die Augen.

HANNA

Sie bekommen jede Unterstützung von uns, die Sie benötigen, aber zunächst müssen Sie Ihre Aussage machen! Je länger Sie wegrennen, desto schwieriger wird es für uns, Sie aus der Sache rauszuholen. Verstehen Sie das nicht?! Sie können diesen Albtraum beenden ... in zwei Tagen können Sie sich mit einer einfachen Aussage ein neues Leben erkaufen, lassen Sie diese Chance nicht verstreichen.

Leo wirft nervös seine Zigarette weg und starrt wieder aufs Wasser. Hanna klopft ihm leicht auf den Arm, dann setzt sie ihre Sonnenbrille wieder auf und wendet sich zum Gehen. Nach einigen Schritten bleibt sie nochmals stehen und dreht sich zu Leo um.

HANNA

Quidproquo, Herr Kleinert ...

Dann lässt sie Leo auf der Brücke zurück.

[Blende aus]

TV-Krimi

Match

Hauptrolle // 28-55 Jahre „Kommissarin" / ehrgeizig / taff / ernst
Anspielpartner // 25-40 Jahre „Kollege"

Emotionalität/Bruch	Ronja: professionell zu privat
Licht	Tageslicht
Spielort	Wald/Feld
Kostüm	elegant-sportliche Kleidung, dunkle Farben, Sportschuhe
Mögliches Geheimnis	1. Ronja hat den geheimen Auftrag, Lukas auszuspionieren. 2. Ronja weiß, dass Lukas eine tödliche Krankheit hat.

WALD / AUSSEN - TAG
Kommissarin RONJA Winterberg kommt auf ein abgesperrtes Gebiet zu. Auf dem Boden liegt ein Fahrrad mit Laub bedeckt. LUKAS notiert sich die Lage der Person. Ronja kommt mit zügigen Schritten hinzu und stellt sich neben Lukas.

RONJA
Was haben wir?

LUKAS (überrascht)
Das Fahrrad von Maike Breuer – wahrscheinlich. Ein Jogger hat es gefunden.

RONJA (dreht ihren Kopf)
Wo ist der?

LUKAS (grinst sie verschmitzt an)
Ich wusste gar nicht, dass du Hockey spielst.

RONJA (erschrocken)
Was?!

LUKAS (hebt die Augenbrauen)
Steht auf deinem Tinder-Profil.

RONJA (grinst)
Das ist eine Undercoveraktion.

LUKAS
Ja, klar. Warum auch nicht. Ich dachte, du wärst eher bei Elitepartner oder so.

RONJA
Können wir uns bitte auf den Fall konzentrieren. Wo ist der Jogger?

LUKAS
Nicht hier. Er hat wohl von Zuhause angerufen.

RONJA
Und wie lange liegt es schon hier?

LUKAS
Schwer zu sagen – vielleicht zwei Wochen. Ich dachte, du bist verheiratet.

RONJA
Zwei Wochen und ist die Spurensicherung unterwegs?

Lukas nickt und schaut sie verschmitzt an.

RONJA
Nicht, dass dich das was angeht, aber wir sind geschieden.

LUKAS
Ach so. Und hast du schon ein Match gehabt? Also ich denke....

RONJA
... wir könnten vielleicht wieder professionell werden?!

LUKAS (wischt mit dem Finger in der Luft)
Ein kleiner Wisch nach rechts und wir wären ein Schritt weiter.

RONJA
Noch einen Schritt weiter und du hast eine kleben.

LUKAS (amüsiert)
Es ist deine Wahl. Rechts oder links.

Lukas geht. Ronja bleibt zurück und schreibt etwas in ihren Notizblock. Ein leichtes Lächeln huscht über ihr Gesicht. – [Blende aus]

TV-Krimi

Rückendeckung

Hauptrolle // 22-45 Jahre „Sekretärin“ / professionell / frustriert / schüchtern
Anspielpartner // 35-60 Jahre „Kommissar“

Emotionalität/Bruch	professionell wird zu nervös wird zu selbstsicher
Licht	Kunstlicht
Spielort	Büro / Anmeldetresen
Kostüm	Kostüm, Grautöne, Absatzschuhe
Mögliches Geheimnis	1. Mathilda selbst ist die Täterin. 2. Mathilda wird von ihrem Chef erpresst.

VORZIMMER BÜRO / INNEN - TAG
MATHILDA sitzt am Schreibtisch und tippt auf ihrem Computer. Ein älterer Herr, GERD, betritt das Zimmer.

MATHILDA (freundlich)
Hallo. Bitte nehmen Sie noch einen Moment Platz.
Herr Thiele ist noch in einem Telefonat.

GERD
Ich wollte eigentlich zu Ihnen.

MATHILDA (unsicher)
Zu mir?! Was ...

GERD (zeigt seine Marke)
Es geht um den letzten Mittwoch. Sie haben doch gearbeitet an diesem Tag, oder?

MATHILDA
Ja, aber ... ich versteh immer noch nicht, was Sie von mir wollen.
Ich hab auch gar keine Zeit gerade ...

GERD
Sie müssen mit mir sprechen. Entweder hier oder Sie begleiten mich auf die Polizeistation.

MATHILDA (überlegt nervös)
... letzten Mittwoch habe ich den ganzen Tag hier gesessen, und Herr Thiele hat nur einmal das Büro verlassen, um zu Mittag zu essen. Das war um viertel vor eins. Um halb zwei war er wieder da und ...

GERD
Und Sie?

MATHILDA
Was und ich?

GERD
Essen Sie nicht zu Mittag?

MATHILDA
Doch natürlich, aber ich bringe mir immer etwas mit, damit das Telefon besetzt ist.

GERD
Und heute?

MATHILDA
Was meinen Sie?

GERD
Was haben Sie heute dabei?

MATHILDA (verärgert)
Was wollen Sie von mir?

GERD
Ich will wissen, warum Sie ihm ein Alibi geben.

MATHILDA (starrt Gerd entsetzt an, hadert mit sich, schweigt eine Weile)
Reis.

MATHILDA (holt eine Tupperdose hervor)
Reis mit Gemüse ... (grinst Gerd selbstbewusst an) Wollen Sie?

[Blende aus]

Kinothriller / TV-Krimi

Verhör auf dem Spielplatz

Hauptrolle // 22-35 Jahre „Arbeitslose“ / zerstreut / unglücklich / nervös
Anspielpartner // 28-40 Jahre „Kommissar“

Emotionalität/Bruch	düster / hin- und hergerissen / erschöpft
Licht	Tageslicht
Spielort	Spielplatz
Kostüm	verschmutzte Jeans, Turnschuhe, Polyesterjacke
Mögliches Geheimnis	1. Hendrik war einer der Täter.
	2. Hanna hat gelogen.

SPIELPLATZ / AUSSEN – TAG

HANNA sitzt auf einer Bank. Neben ihr steht ein Kinderwagen. Man hört ein Baby weinen. Tim spielt im Sandkasten. Sie raucht und achtet nicht auf das Baby. Sie scheint leicht alkoholisiert zu sein. Es nähert sich HENDRIK. Er setzt sich zu Hanna.

HENDRIK
Hanna Braun?

HANNA
Na und?

HENDRIK
Ihre Nachbarn haben mir gesagt, wo ich Sie finde.

HANNA (patzig)
Was wollen Sie?

HENDRIK
Ich will wissen, was passiert ist. Auf der Wache haben Sie gesagt, es wären zwei Männer in Ihre Wohnung gekommen ...

HANNA (unterbricht ihn)
Ich kann mich nicht erinnern! Das hab ich doch gesagt!

HENDRIK
Wovor haben Sie Angst?

HANNA (höhnisch)
Das kann nur jemand wie Sie fragen ...

HENDRIK
... jemand wie ich?

HANNA
Sie mit Ihren schicken Schuhen und Ihrem feinen Pullöverchen ... einem sicheren Job ... einer braven Frau, die mit dem Essen wartet, wenn Sie nach Hause kommen ... und einem Hund, der Sie schwanzwedelnd begrüßt ...

HENDRIK
Eine übergewichtige Katze ... hat mir meine Frau nach der Scheidung dagelassen ...

HANNA (schaukelt nervös am Kinderwagen)
Sie haben keine Ahnung von mir!

HENDRIK
Dann erzählen Sie es mir.

HANNA (lacht sarkastisch)
Das wollen Sie nicht hören. (Blickwechsel) ... wenn ich morgens in den Spiegel gucke – sehe ich nichts! Ich bin 28 und mein Leben ist schon vorbei ...

HENDRIK
Niemand hat das Recht, so mit Ihnen umzugehen ...

HANNA (sanft)
Das denken Sie?

HENDRIK
Ja! Sagen Sie gegen die Typen aus.

HANNA (schaut sich panisch um)
Hören Sie zu! Ich will Ihre Hilfe nicht! Wenn ich die Anzeige zurücknehmen will – können Sie nichts dagegen tun. Ich war betrunken – ich kann mich nicht erinnern! Leo! Komm!

HENDRIK
Denken Sie an Ihre Kinder!

HANNA (Hanna steht auf und geht.)
Das tue ich!

[Blende aus]

TV-Krimi / Kinothriller

Vermisstensuche

Hauptrolle // 18-35 Jahre „Opfer“ / verwirrt / taff / zornig / geheimnisvoll
Anspielpartner // 28-40 Jahre „Kommissar“

Emotionalität/Bruch	ängstlich wird zu taff / unschuldig wird zu schuldig / genervt / ängstlich / aggressiv
Licht	Tageslicht
Spielort	Wald
Kostüm	eingewickelt in eine Wolldecke
Mögliches Geheimnis	1. Anne hat Ihren Freund umgebracht. 2. Anne hört Stimmen im Kopf.

WALD / AUSSEN – TAG
Der KOMMISSAR steigt aus dem Auto. Auch ANNE steigt aus. Sie hat eine braune Decke um ihren Körper gewickelt und scheint völlig am Ende.

KOMMISSAR
Frau Klein, das ist sehr wichtig. Wo haben Sie Ihren Freund zuletzt gesehen?
(fragender Blick)

ANNE KLEIN
Für mich sieht das mittlerweile alles gleich aus. Ich kann mich nicht mehr erinnern. Es kann hier gewesen sein oder … nicht? Genauso kann es auch da drüben gewesen sein. Es war dunkel und wir waren betrunken, aber das habe ich Ihnen doch schon tausend Mal erzählt.

KOMMISSAR (fährt sich entnervt mit der Hand durch's Gesicht)
Das macht alles keinen Sinn …

ANNE KLEIN
Wir haben uns so sehr gestritten, da habe ich nicht mehr auf den Weg geachtet. Und irgendwann trennten sich unsere Wege, er rannte davon und ich lief ihm hinterher. Ich weiß halt nur noch, er ist irgendeinen Berg hinauf.

KOMMISSAR
Und dann sind Sie von hinten angegriffen worden.

ANNE KLEIN

Ja, genau ...

Ich habe Ihre komischen Bemerkungen satt. Am Ende glauben Sie noch, ich habe ihn hier im Wald erschlagen und anschließend mit meinen bloßen Händen begraben ...

Und die blauen Flecken und Würgemale habe ich mir selbst zugefügt!

KOMMISSAR

Frau Klein, niemand behauptet irgendetwas ... Aber wir haben bis jetzt weder einen Täter noch ein Motiv. Wir haben nur Ihre Aussage, dass ein Wildfremder Sie ohne Grund angegriffen hat und dann ist auch noch Ihr Freund spurlos verschwunden.

Sie verstehen, dass das Fragen aufwirft.

ANNE KLEIN

Meinen Sie nicht, auch ich will, dass man Martin findet? Wir hatten unsere Probleme, aber trotzdem liebe ich ihn, und ich will wissen, was passiert ist.

KOMMISSAR

Dann haben wir ja dasselbe Ziel.

ANNE KLEIN (misstrauisch)

Sie glauben mir nicht ...

KOMMISSAR

Es macht einfach keinen Sinn ...

ANNE KLEIN (streng)

Hören Sie zu: Ich möchte jetzt nach Hause.

JETZT!

[Blende aus]

TV-Krimi / Kinothriller

Zu spät

Hauptrolle // 25-35 Jahre „junge Kommissarin" / ehrgeizig / mutig / nach außen hart
Anspielpartner // 40-65 Jahre „Kommissar"

Emotionalität/Bruch	verzweifelt / wütend wird zu emotional
Licht	Tageslicht
Spielort	vor einem Krankenhaus
Kostüm	dunkle Kleidung / Jeans / Mantel
Mögliches Geheimnis	1. Jacobsen war Linas Vater. 2. Lina ist in Tom verliebt.

VOR DEM KRANKENHAUS / AUSSEN – TAG
LINA kommt aus dem Krankenhaus. Sie ist blass und sieht müde aus. Sie schaut sich um, als wüsste sie nicht wohin. Sie setzt sich auf einen Blumenkübel und starrt ins Leere. Dann rauscht eilig ein älterer Mann an ihr vorbei. Lina stoppt ihn mit ihren Worten...

LINA
Zu spät!

TOM KESSING (bleibt erschrocken stehen)
Was?!

LINA (ohne ihn anzublicken)
Er ist eben gestorben.

TOM KESSING
Konnten Sie noch...

LINA (schüttelt den Kopf)
Er hat nichts gesagt. Ich hab ihn gefragt – wieder und wieder...
Das war unsere letzte Spur.

TOM KESSING
Und die Freundin?

LINA

Ist nicht aufzufinden.

TOM KESSING

Gehen Sie nach Hause. Sie brauchen Schlaf.

LINA

Wissen Sie was ich brauche?! Ich brauche Zeugen – ich brauche nur einen Menschen, der das Auto gesehen hat! Helllichter Tag, eine belebte Wohngegend und niemand hat was beobachtet?!

Das macht keinen Sinn. Irgendjemand lügt.

Ich geh noch mal hin.

Lina steht entschlossen auf. Kessing hält sie zurück.

TOM KESSING

Sie gehen nirgendwohin außer nach Hause. Haben Sie mich verstanden?!

LINA

Jacobsen ist seit mehr als 23 Stunden hier. Sie wird nicht mehr lange durchhalten. Ich muss sie einfach finden. Ich mach nicht nochmal den gleichen Fehler...

TOM KESSING

Es war nicht Ihre Schuld.

LINA

Doch – das war es. Und Sie wissen das.

Lina geht.

[Blende aus]

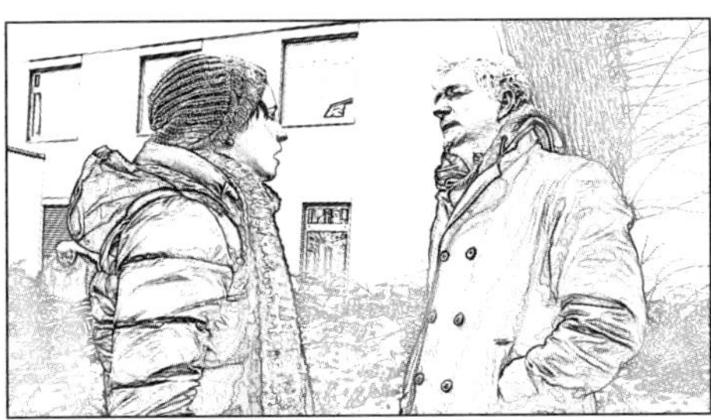

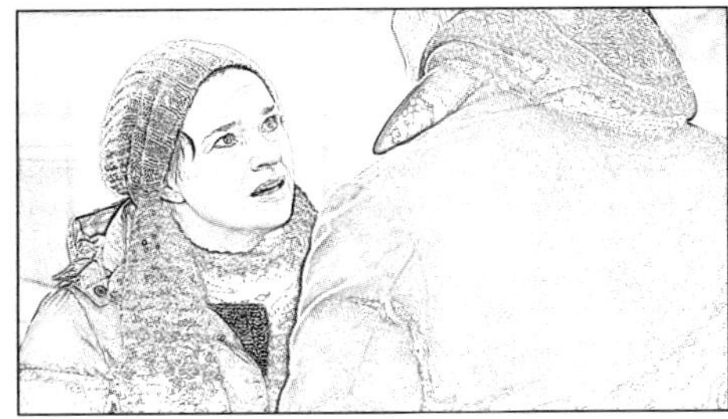

Komödie / Comedy

An der Ampel // Beide erwischt // Beim Friseur // Das Baby // Der Brautvater // Drunter und drüber // Haarwäsche // Hawaiianische Beichte // Racheplan // Recherche im Bett // Rendezvous // Schnipp, schnapp // Selbstmordphobie // Straßenumfrage // Talentsucher // Zeit und Raum

Komödie / Comedyserie

An der Ampel

Hauptrolle // 23-42 Jahre „beste Freundin“ / humorvoll / bodenständig / treu
Anspielpartner // 23-35 Jahre „Freundin“ / „Tussi“

Emotionalität/Bruch	cool / amüsiert / belustigt wird zu geschockt
Licht	Tageslicht
Spielort	Straße / Ampel
Kostüm	Jogginganzug
Mögliches Geheimnis	1. Frieda hat ein Hörproblem / spricht zu laut. 2. Frieda hat einen Tick, z.B. Augenzwinkern.

PARK / AUSSEN – TAG
VALENTINA und FRIEDA joggen durch den Park. Frieda redet unentwegt auf Valentina ein. Sie stoppen an einer Ampel.

FRIEDA (außer Atem)
... weißt du, es macht mir ja nichts aus!
Er kann sich gern mit anderen Frauen treffen ... ich freu mich sogar für ihn.

VALENTINA (auf der Stelle joggend)
Echt?

FRIEDA
Na klar! Es ist doch toll für ihn! Weißt du, das war ja das größte Problem bei uns.
Er hatte einfach kein Selbstbewusstsein. Und ich mein, er ist ein toller Mann ...
das hab ich immer schon gesagt.

VALENTINA
Das hast du.

FRIEDA
Ja, oder?! Ich habs echt versucht ... Aber ich konnte ihm das einfach nicht begreiflich
machen ... egal. Jetzt muss es halt eine andere machen ...und das ist auch gut so.

Stille. Valentina joggt immer noch auf der Stelle, man sieht ihr an, dass sie sich unbehaglich fühlt. Frieda lächelt zufrieden.

VALENTINA
Und wenn ICH das wäre ...?

FRIEDA
Hmm?

VALENTINA
Na ja, also wenn ich diese Frau wäre ...?

FRIEDA
Du?

VALENTINA
Ja, ich wollte es dir schon früher sagen, aber ...

FRIEDA (begreift)
Ach, du warst sein Date ...

VALENTINA
Ist das doof?

FRIEDA (schockiert)
Nein! Das ist überhaupt kein Problem. (lacht schrill auf) Ich mein, meine beste Freundin und mein Ex-Freund. Das ist doch toll!

VALENTINA
Gott sei Dank, ich dachte schon, du wärst sauer oder so ...

FRIEDA (übertrieben)
Ach, Unfug! Ich freu mich! Ja, wirklich! Das ist echt schön!
Vielleicht machen wir mal was zu dritt ...
Oder ...vielleicht wollt ihr auch lieber alleine sein ...

Es wird Grün. Valentina joggt los. Frieda bleibt noch einen Moment stehen. Sie schaut unangenehm berührt. Dann joggt auch sie los.

FRIEDA
Ähh, Valentina ...?!

[Blende aus]

Komödie / Comedyserie

Beide erwischt

Hauptrolle // 15-18 Jahre „freche Tochter“ / taff / cool / süß / sexy / rebellisch
1. Anspielpartner // 35-45 Jahre „Papa“
2. Anspielpartner // 15-20 Jahre „Punk“

Emotionalität/Bruch	verliebt / entspannt wird zu nervös
Licht	Tageslicht
Spielort	Hauseingang / Straße
Kostüm	farbenfrohe Kleidung / Kleid / Jeans und T-Shirt
Mögliches Geheimnis	1. Nico hat schlimmen Mundgeruch. 2. Marie hat gekifft, die Wirkung setzt ein.

HAUSEINGANG / AUSSEN – TAG
MARIE steht in einem Hauseingang. NICO, ein punkiger Junge in Lederjacke, steht vor ihr und sie sehen sich verliebt an.

MARIE (lächelt)
Und nun?

NICO
Hast du schon mal einen Jungen mit Piercing geküsst?

Marie schüttelt den Kopf. Nico lächelt und kommt näher. Sie küssen sich.
Heinz kommt vorbei. Er stoppt auf Höhe der beiden und beißt genüsslich in seinen Burger.

MARIE (löst sich)
Hmm ... (genussvoll)

HEINZ (nach dem ersten Biss)
Hmmm ... (genussvoll)

Jetzt schauen sich Heinz und Marie an und erstarren.

MARIE (entsetzt)
Papa!

HEINZ (mit vollem Mund)
Marie!

MARIE & HEINZ (zusammen)
Sag's nicht der Mama!

MARIE & HEINZ (zusammen)
Was?!

MARIE
Na, dass ich mich noch mit Nico treffe! Was meintest du denn?

Heinz schaut zu Nico. Der hebt schüchtern die Hand.

NICO
Hallo, Herr Mertens.

HEINZ (streng)
Ach, du bist dieser Nico!

MARIE
Ja, genau. „Dieser" Nico. Und was hast du gemeint?

HEINZ
Ach so, ja ich mach doch diese „Rohkostdiät" ...

MARIE (lächelt mit Blick auf den Burger)
Schmeckt's denn?

HEINZ (verdreht genüsslich die Augen)
Ohh ja.

MARIE (schielt zu Nico)
Mir auch ... am besten, ich hab nichts gesehen?

HEINZ (überlegt kurz)
Und ich auch nicht. Schönen Tag noch.

Heinz geht weiter. Marie zuckt mit den Achseln und küsst Nico wieder.

[Blende aus]

Comedyserie / Kinokomödie

Beim Friseur

1. Hauptrolle // 16-22 Jahre „die Flippige“ / frech / cool / schlagfertig
2. Hauptrolle // 16-22 Jahre „der süße Streber“ / arrogant / liebenswert / klug

Emotionalität/Bruch	1. Heike: abweisend wird zu unsicher 2. Philip: panisch wird zu selbstbewusst
Licht	Tageslicht
Spielort	Friseur
Kostüm	1. Heike: flippige Kleidung / Friseurschürze 2. Philip: Jeans / Poloshirt / dunkler Pullover
Mögliches Geheimnis	1. Heike hatte einen Sextraum von Philip in der Nacht davor. 2. Philips Mutter wartet vor dem Friseur.

FRISEURSALON / AUSSEN – TAG

Friseur. HEIKE kommt aus dem Aufenthaltsraum. Sie geht zu ihrem Kunden. Es ist PHILIP. Heike kann es nicht fassen.

HEIKE (geschockt)
Du schon wieder?!

PHILIP (schreckt auf)
Mein Gott, was zur Hölle ...

HEIKE
Gott und Hölle in einem Satz – du bist ja wahnsinnig kreativ.

PHILIP
Was machst du hier?!

HEIKE
Wonach sieht's aus, Schleimer, ich schneide Haare. (hebt die Schere)

PHILIP (versucht aufzustehen)
Aber nicht meine.

HEIKE (hält ihn zurück)
Oh, doch! (schaut sich um, ob ihre Chefin schaut) Du bist ein Kunde – ich die Friseurin, und wir werden uns jetzt wie Profis verhalten.

PHILIP
Oh, nein! Ich bin ein freier Mensch und du hast ne Schere in der Hand.

HEIKE
Jetzt reiß dich zusammen. Wir müssen ja nicht gleich ins Bett gehen!

PHILIP
Das beruhigt mich, aber trotzdem ... Danke, nein!

HEIKE (professionell)
Also, welche Frisur hast du dir so vorgestellt?

PHILIP (ängstlich)
Ehrlich gesagt, gefällt mir meine doch ganz gut.

HEIKE (schielt zur Chefin)
Also, überall ein bisschen kürzer. Kein Problem.

PHILIP
Bitte bring mich nicht um!

HEIKE
(zischt) Zu viele Zeugen ... (überfreundlich) Also, was geht denn so am Wochenende? (wieder leise) Am PC hocken, Pornos schauen, unschuldige Mädchen an den Lehrer ausliefern?

PHILIP (versteht endlich)
Hey! Das war ich nicht.

HEIKE (ironisch)
Natürlich nicht, Schleimer!

PHILIP
Wirklich! Ich mein, du weißt, ich find dich zum Kotzen! Nichts würde mir ferner liegen, als eine Chance, dich fertig zu machen, ungenutzt verstreichen zu lassen, aber ...

HEIKE
Schönen Dank auch.

PHILIP

Gern geschehen, aber ... ich hab damit nichts zu tun. Glaubst Du wirklich, ich würde so eine Nummer abziehen?

HEIKE

Ja ... Na ja ... warst du's wirklich nicht?

Heike und Philip schauen sich intensiv an.

PHILIP

Nein. (wird nervös) Und ich hätte gern den Nacken ausrasiert.

HEIKE (verwirrt)

Ja. Natürlich.

[Blende aus]

Comedy / Komödie

Das Baby

Hauptrolle // 25-35 Jahre „humorvolle Businessfrau" / ehrgeizig / schlagfertig / taff
Anspielpartner // 22-35 Jahre „nervige Mutti"

Emotionalität/Bruch	professionell wird zu privat / heuchlerische Freude / sarkastisch / genervt wird zu belustigt
Licht	Tageslicht
Spielort	Straße / Spielplatz
Kostüm	Kostüm / Businesskleidung, Absatzschuhe
Mögliches Geheimnis	1. Svenja muss dringend zur Toilette. 2. Svenja reagiert allergisch auf Babypuder.

STRASSE / AUSSEN – TAG
SVENJA kommt sehr gestresst eine Straße herunter. Sie streitet sich mit jemandem am Telefon.

SVENJA (gestresst)
Nein! Das geht nicht. Sie haben mich jetzt zum dritten Mal in Folge versetzt. Ich habe auch meine Termine, und ich habe ehrlich gesagt keine Lust, mit einer derartigen Unzuverlässigkeit umgehen zu müssen. Sie können sich gern jemand anderen suchen.

Svenja legt wütend auf und geht in zügigem Tempo weiter. Plötzlich sieht sie eine Frau mit Kinderwagen auf sich zukommen. Sie erschrickt, dreht sich auf der Stelle um und geht in die entgegengesetzte Richtung. Plötzlich ruft die Frau ihr nach.

NICOLE
Hey, Svenja!

Svenja versucht kurz so zu tun, als höre sie nichts. Dann bleibt sie stehen und rollt mit den Augen.

NICOLE (kommt angelaufen)
Svenja!

SVENJA (künstlich freundlich)
Nicole!

NICOLE
Ach, wie schön, dass wir uns mal wieder treffen.

SVENJA
Du sagst es!

NICOLE
Und wie geht's dir? Verheiratet – schwanger – geschieden?

SVENJA
Ja, in der Reihenfolge.

NICOLE (irritiert)
...

SVENJA (lacht künstlich auf)
War nur ein Witz!

NICOLE (lacht ebenfalls auf – viel zu schrill und laut)
Ach!

SVENJA (lenkt ab)
Und du? Ist das deins? (zum Baby)

NICOLE (nimmt es heraus)
Ja, ist er nicht goldig?!
Hier nimm ihn mal! (hält es Svenja hin)

SVENJA (versucht abzuwinken, aber zu spät)
Ohh – danke! Hey du, na – wie heißt du denn?

NICOLE (in Babysprache)
Das ist der kleine Friederich!

SVENJA (angewidert)
Ohh – der Friederich. Na dann – viel Glück!

Svenja schaut Friederich einen Moment an und scheint etwas zu bemerken.

SVENJA
Sag mal, der sieht ja original aus wie ...

Aber schon hat Nicole ihn ihr aus dem Arm gerissen und legt ihn wieder ins Bettchen.

NICOLE (panisch)
Ohh – so spät schon. Ich muss los! Mach's gut.

SVENJA (ruft ihr nach)
Aber ... ich dachte ... Du bist doch mit Christian zusammen, oder?!

Svenja schaut ihr mit großen Augen nach und beginnt langsam in sich hineinzulachen.

[Blende aus]

Komödie / TV-Serie

Der Brautvater

Hauptrolle // 25-40 Jahre „Braut" / hübsch / jung / freundlich
Anspielpartner // 50-70 Jahre „68er" / humorvoll / alternativ

Emotionalität/Bruch	glücklich und frech wird zu empört und schockiert
Licht	Kunstlicht
Spielort	Vorraum Kirche
Kostüm	Brautkleid
Mögliches Geheimnis	1. Marie steht kurz vor einer Panikattacke. 2. Marie ist schwanger.

VORRAUM KIRCHE / INNEN – TAG
MARIE ist mit ihrem Vater THOMAS im Vorraum der Sakristei. Marie zuppelt an ihrem Brautkleid und stellt sich samt Brautstrauß neben Thomas. Beide schauen nach vorn auf die geschlossene Holztür. Thomas wirkt genervt.

MARIE (grinst)
Das hätt ich ja nie gedacht, dass du mich zum Altar führst.

THOMAS (stöhnt)
Glaubst du, ich?!

MARIE (beißt sich auf die Lippe)
Wieso hast du denn Ja gesagt?

Thomas schaut Marie mit geschürzter Lippe und hochgezogenen Augenbrauen an.

Na ja, ich hätts verstanden. Ist ja nicht so dein Ding.

THOMAS
Wie bitte?! Deine Mutter hat gesagt, ich würde dir den wichtigsten Tag in deinem Leben versauen und Du würdest unzählige Therapiestunden benötigen, um jemals drüber wegzukommen. Wenn das überhaupt möglich ist. Wahrscheinlich würdest Du eines Tages voller Hass auf mein Grab spucken.

MARIE
Jetzt mach aber mal nen Punkt.

THOMAS
Willst du damit sagen, sie hat übertrieben!?

MARIE
Ich glaube, sie wollte dir eins auswischen.

THOMAS (schüttelt wütend den Kopf)
Das ist typisch. Wie damals.

MARIE
Wovon sprichst du?

THOMAS
Was meinst du wohl? Als sie mich zur Heirat gezwungen hat, weil sie mit dir schwanger war.

MARIE
Ähh… Moment mal, ich dachte, ich wäre eine Liebesentscheidung gewesen.

THOMAS
So kann man es natürlich auch nennen, wobei deine Mutter entschieden hat und ich zu dem Zeitpunkt meine Liebe mit mindestens vier anderen Frauen geteilt habe. (nickt stolz)

MARIE (schockiert)
Willst du damit sagen, ich bin ein Unfall aus einer Swingernacht?!

THOMAS
In meiner Erinnerung war es fast 'ne ganze Woche.

MARIE (empört)
Papa!

THOMAS
Was denn?

Die Tür wird geöffnet. Licht fällt auf Marie und Thomas, die sich beide anstarren.

STIMME (off)
Es ist soweit.

Der Hochzeitsmarsch ertönt.

[Blende aus]

Komödie / TV-Serie Comedy

Drunter und drüber

Hauptrolle // 25-45 Jahre „Arzthelferin und Mutter“ / freundlich / humorvoll / kompetent
Anspielpartner // 50-70 Jahre „schwerhöriger älterer Patient“

Emotionalität/Bruch	gestresst / professionell wird zu privat
Licht	Kunstlicht
Spielort	Arztpraxis
Kostüm	Arzthelferkittel
Mögliches Geheimnis	1. Elisa hat Kopfschmerzen. 2. Elisas Chefin beobachtet sie.

ARZTPRAXIS / INNEN – TAG
ELISA steht hinter dem Tresen und scheint mit etlichem Papierkram völlig überfordert. Das Telefon klingelt unentwegt. Ein älterer Mann steht vor dem Tresen und starrt Elisa an.

ELISA (redet sehr laut)
Hören Sie zu, Herr Forst, ich kann Ihnen leider heute keinen Termin geben.

HERR FORST (hört schlecht)
Was?!

ELISA
Keinen Termin!

HERR FORST
Oh, ja, einen Termin – das ist schön.
Ich warte dann mal.

Herr Forst dreht sich Richtung Wartezimmer. Sonja springt auf und hält ihn an der Jacke.

ELISA (schüttelt heftig den Kopf)
Nein, Nein – heute nicht!

HERR FORST
Hier warten? Na gut.

Elisa verdreht die Augen und geht ans Telefon.

ELISA (mit freundlicher Stimme)
Arztpraxis Schlüter und Huf, was kann ich für Sie tun?
(flüstert plötzlich) Lena, Süße, was ist los? Hmmm? Du sollst mich doch nur im Notfall anrufen. In der Schublade unter der Mikrowelle ... Nein. Wo ist denn Papa? Der kann dir doch helfen. Warum ist der draußen ... ja, dann setz dich einfach aufs Sofa und schau ein bisschen fern, ja?! Tschüss.

Elisa legt auf. Vor dem Tresen wartet jetzt schon eine Frau.

ELISA
Hallo. Hatten Sie einen Termin?

HERR FORST (sehr laut)
Kann ich schon rein zum Doktor?!

ELISA
Nein.

FRAU
Ja, mein Name ist Seifert. Ich hatte um ...

HERR FORST
Aber ich kann nicht so lange stehen!

ELISA
Dann setzen Sie sich.

HERR FORST
WAAAS???

ELISA (laut)
Setzen Sie sich!

HERR FORST (kopfschüttelnd)
Also doch? Sie wissen auch nicht, was Sie wollen.

Herr Forst dreht sich langsam zum Wartezimmer um und geht im Schneckentempo los. Das Telefon klingelt.

FRAU
Ich hatte um 3 einen Termin bei Doktor Huf.
Ich würde aber nun doch gern zum Schlüter ...

Elisa bedeutet der Frau, einen Moment zu warten und geht ans Telefon.

ELISA
Arztpraxis Schlüter und Huf. Was kann ich für Sie tun?
(flüstert wieder) Lena, was ist denn?! Wo ist Papa? Ich weiß nicht, wo die Fernbedienung ist – im Sofa, auf dem Fernseher ... Ich muss jetzt wirklich arbeiten. Tschüss.

Elisa legt auf. Sie ist sichtlich genervt. Sie sieht gerade noch Herrn Forst, wie er in die Toilette geht.

ELISA (erschöpft)
Das ist die Toilette, Herr Forst!!

[Blende aus]

TV-Serie Comedy / Kinokomödie

Haarwäsche

1. Hauptrolle // 18-30 Jahre „schlagfertige Friseurin" / „Verlassene" / clever
2. Hauptrolle // 18-30 Jahre „sexy Bitch" / böse / dumm / verwöhnt

Emotionalität/Bruch	1. traurig / freundlich wird zu feindlich 2. vergnügt / freundlich wird zu gehässig
Licht	Kunstlicht
Spielort	Friseursalon
Kostüm	1. legere Kleidung mit Friseurschürze 2. sexy Kleidung, grelle Farben
Mögliches Geheimnis	1. Chloe hat soeben eine Verwarnung von Ihrem Chef bekommen. 2. Ella hat Heuschnupfen.

FRISEURSALON / INNEN – TAG
CHLOE und ELLA (blond und sexy) stehen am Waschbecken im Friseursalon.

CHLOE
So bitte. Hier einmal hinsetzen.
Ist das Wasser warm genug?

Chloe beginnt, Ellas Haare zu waschen.

ELLA
Ja, danke.

CHLOE
Und hatten Sie ein schönes Wochenende?

ELLA
Oh ja, und Sie?

CHLOE
Ach, nicht so gut. Mein Freund hat mit mir Schluss gemacht.

ELLA
Männer ... Seien Sie froh, dass Sie ihn los sind.

CHLOE
Tja, ich weiß nicht ... wir waren fünf Jahre zusammen ... ich versteh es einfach nicht.

ELLA
Also, meinen habe ich erst jetzt dazu bekommen, seine Freundin zu verlassen. Die muss einen Terz gemacht haben! Eigentlich wollten sie in einer Woche nach Rom.
(lacht)
Tja, daraus wird wohl nichts ...

Chloe schaut Ella, die die Augen geschlossen hat, entsetzt an.

CHLOE (vorsichtig)
Rom, aha und was macht er so?

ELLA
Gartenarchitektur oder irgend so ein Scheiß ...

Chloes Blick verdüstert sich.

CHLOE
Ach, dann sind Sie also glücklich verliebt?

ELLA
Das würde ich nicht sagen. Ich find die Typen nur so lange interessant, wie ich sie nicht bekommen kann. Jetzt, wo er Schluss gemacht hat, geht er mir schon wieder auf die Nerven. (lacht)

CHLOE (mit düsterer Miene)
Tja, Männer sind ja so blöd ...

ELLA
Das kann man sagen, und so naiv ...

Chloe nimmt langsam eine Färbemittelflasche aus dem Schrank. Ella bemerkt nichts davon.

CHLOE
Und deren Tussis erst. Die raffen überhaupt nicht, dass ihre Typen fremdgehen seit ...

ELLA
... sechs Monaten! Die muss echt blind gewesen sein. Männer stehen eh immer auf blond.

Chloe beginnt die dunkle Flüssigkeit in Ellas Haare einzumassieren.

CHLOE

Ja, blond ist ja auch ne wunderschöne Farbe und besonders. Blondinnen sterben ja auch aus. Wussten Sie das?! Bald gibt es nur noch Dunkelhaarige auf der Welt ...

ELLA (genießt die Kopfmassage)

Das ist ja furchtbar ...

Chloe nickt mit einem grausamen Lächeln ...

[Blende aus]

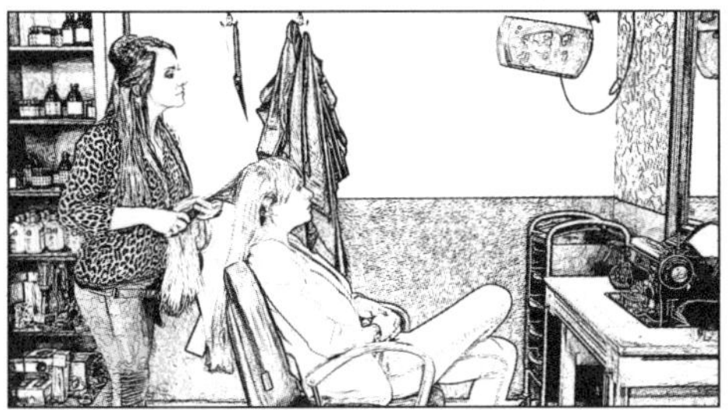

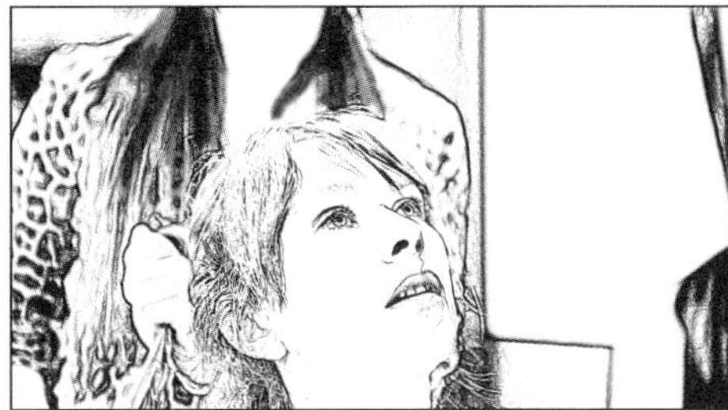

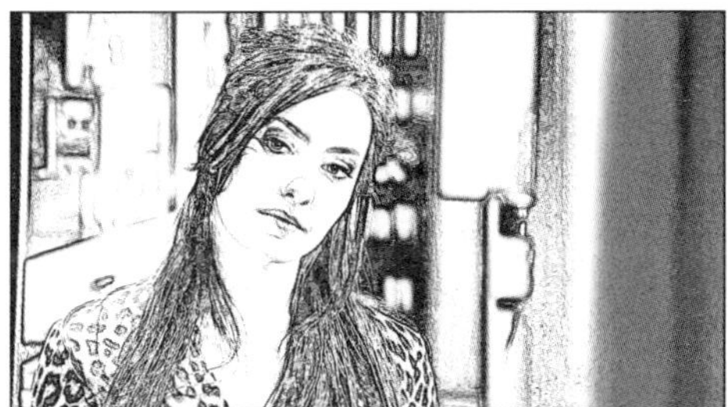

Kinokomödie / TV-Serie Comedy

Hawaiianische Beichte

1. Hauptrolle // 22-35 Jahre „die Esoterische“ / kontrolliert / freundlich / ruhig
2. Hauptrolle // 22-35 Jahre „die Coole“ / frech / ungehalten / lustig

Emotionalität/Bruch	1. Carmen: entspannt wird zu geschockt / wütend 2. Lotta: genervt wird zu vergnügt
Licht	Tageslicht
Spielort	Garten / Wohnung / Küche ö.Ä.
Kostüm	1. lockere Kleidung im Batikstil 2. dunkle Farben, moderne Kleidung
Mögliches Geheimnis	1. Carmen ist leicht high. 2. Lotta hat eine Pizza im Ofen und ist extrem hungrig.

IM WOHNZIMMER / INNEN – TAG
LOTTA und CARMEN sitzen sich im Schneidersitz gegenüber. Carmen hat die Augen geschlossen und scheint sich zu konzentrieren. Lotta schaut gequält.

LOTTA
Was ist denn jetzt?!

CARMEN
Ja, schon gut. Du hast gesagt, du lässt dich drauf ein.

LOTTA
Ja, aber mein Arsch ist kalt. Können wir bitte anfangen?!

CARMEN
Gut, also ... ich fang an ... Ich habe deine Zigaretten in den Müll geworfen, als du gestern auf dem Klo warst.

LOTTA (wütend)
WAAASSS!? Also doch ... du ... du..

Carmen nimmt Lottas Hände und bildet einen großen Kreis.

CARMEN
Na, komm schon ... wir packen es in eine Blase und ... (sie pustet die imaginäre Blase weg) weg damit!

LOTTA (aggressiv)
Du spinnst wohl!

CARMEN (lieb)
Bitte, Lotta.

Carmen und Lotta, die ihre Augen verdreht, machen die Bewegung noch einmal.

CARMEN
Zusammen! (Lotta mit knirschenden Zähnen) Wir packen es in eine Blase und ... weg. So, jetzt du.

LOTTA (überlegt)
Na gut ... aaalso. Ich habe bei der letzten Fritten-und-Bier-Party mit Alex geschlafen.

CARMEN (versucht, Fassung zu bewahren)
Aha. ... gut ... ich verzeihe dir.

Beide machen die kreisförmige Bewegung.

CARMEN UND LOTTA
Wir packen es in eine Blase und ... weg

LOTTA
Du hast recht. Das ist gut. Ich hab noch was.

CARMEN (misstrauisch)
Gut ...

LOTTA
Weißt du noch die Maus, die du in der Lebendfalle gefangen hast ...

CARMEN
Ja?

LOTTA
Ich hab sie mit der Pfanne erschlagen.

CARMEN (geschockt)
Was hast du gemacht?!

LOTTA
Komm schon ... wir packen es in eine ...

CARMEN
Und du hast mir erzählt, sie wäre weggelaufen.

LOTTA
Das ist doch nicht der Punkt.

CARMEN
Oh, doch ... das ist der Punkt. Du hast sie ... Oh, mein Gott – war sie sofort tot?

LOTTA
Ich glaub schon ... es war die Gusseiserne. Na los (sie nimmt ihre Hände)
Wir packen ...

CARMEN (wütend)
Weißt du was? Ich hab keine Lust mehr!

LOTTA
Wieso?! Das macht doch Spaß!

[Blende aus]

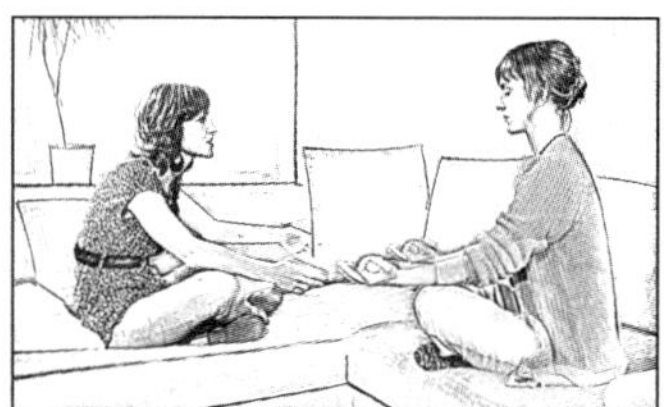
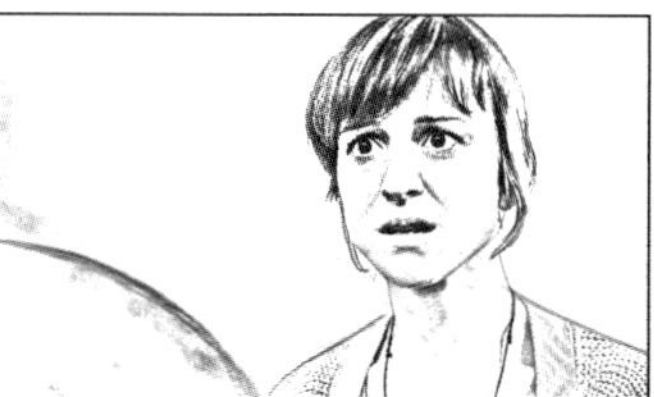
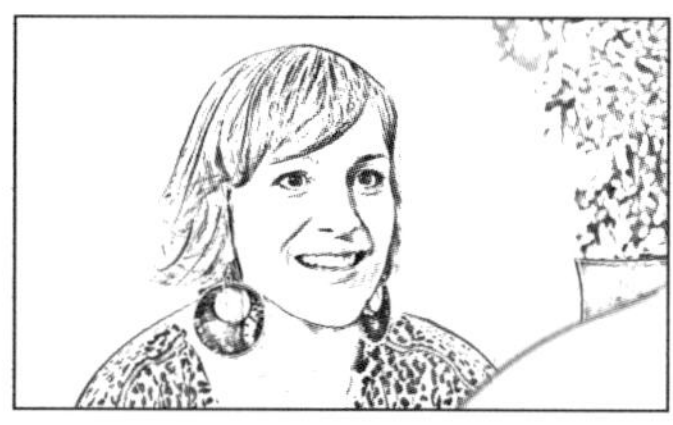

Kinokomödie / Soap

Racheplan

1. Hauptrolle // 20-35 Jahre „die Coole“ / skeptisch / sexy / taff
2. Hauptrolle // 20-35 Jahre „die Hübsche“ / nervös / unsicher / clever

Emotionalität/Bruch	1. Valerie: skeptisch wird zu eifrig 2. Meike: peinlich berührt wird zu erstaunt
Licht	Kunstlicht
Spielort	Wohnung / Badezimmer
Kostüm	1. Valerie: farbenfrohe Partykleidung 2. Meike: Kleid
Mögliches Geheimnis	1. Valerie ist schwanger von David. 2. Meike ist in David verliebt.

BADEZIMMER / INNEN – ABEND
Man hört Geräusche einer Party vor der Tür. MEIKE hat ein Bein auf das Waschbecken gelegt und rasiert es. Sie wirkt nervös und hektisch. Plötzlich kommt VALERIE ins Badezimmer. Beide schauen sich erschrocken an.

VALERIE (mit Blick auf Meikes Bein)
Das ist mein Rasierer.

MEIKE (verlegen)
Das weiß ich doch.

VALERIE
Das ist auch mein Badezimmer.

MEIKE (grinst verlegen)
Klar. Wo hätte ich sonst deinen Rasierer her.

Valerie schaut Meike fragend an. Pause. Nach einer Weile ...

MEIKE
Du willst wissen, was ich hier mache?

VALERIE
So ist es.

MEIKE
Ja, das ist nicht so einfach zu erklären.

VALERIE
Das dachte ich mir schon.

MEIKE
Vielleicht fange ich vorne an ...

VALERIE
Oder damit, den Fuß aus meinem Waschbecken zu nehmen.

MEIKE
Oh ja.

Meike nimmt das Bein vom Waschbeckenrand.

MEIKE
Es tut mir leid, ich wollte David verführen und ...

VALERIE
WAS!? Meinen David! Meinen Ex-David?!

MEIKE
Ja, nein! Ich wollte ihn verführen, um ihn dann mit nach Hause zu nehmen, ihn auszuziehen und ihn dann nackt rauszuschmeißen ...

VALERIE
Und ...?

MEIKE (beschämt)
Und dann wollte ich alles filmen und ins Internet stellen ...

VALERIE
Nein, ich meine: Und warum rasierst du dir die Beine dazu?

MEIKE (Zähne knirschend)
Weil er gesagt hat, „eine Stachelbeere kann man nicht vernaschen".

VALERIE
Das hat er gesagt?!

MEIKE (nickt bedrückt)
Ich dachte, diesmal krieg ich ihn …

VALERIE (fängt an zu strahlen)
Na klar! Komm, gib das Bein her. Ich helfe dir!

MEIKE
Ist das dein Ernst?

VALERIE (verschwörerisch)
Ich hab's nie ernster gemeint. Das Schwein schuldet mir eh noch was!
Vielleicht machen wir dir noch die Haare offen, „er mag's, wenn's weht …"

Beide lachen und machen sich ans Werk.

[Blende aus]

Kinokomödie / TV-FILM

Recherche im Bett

1. Hauptrolle // 18-45 Jahre „Freundin“ / clever / ehrgeizig / emanzipiert
2. Hauptrolle // 18-45 Jahre „Freund“ / sportlich / intelligent / tollpatschig

Emotionalität/Bruch	1. Jule: vorsichtig zu aggressiv 2. Paul: verteidigend zu trotzig
Licht	Kunstlicht
Spielort	Schlafzimmer
Kostüm	1. Jule: Schlafanzug 2. Paul: T-Shirt und Shorts
Mögliches Geheimnis	1. Jule hat eine Affäre. 2. Paul ist schwul.

SCHLAFZIMMER / INNEN – NACHT

JULE und PAUL liegen nebeneinander im Bett. Beide schauen auf ihre Smartphones. Nach einer Weile ...

JULE (vorsichtig)

Letzte Woche hab ich gelesen, dass man das Handy nicht mit ins Bett nehmen sollte.

PAUL

Warum nicht? Dafür ist es doch gemacht – dass man es überallhin mitnehmen kann.

JULE

Ja, kann – aber nicht sollte.

PAUL

Aha.

JULE

Findest du nicht, wir daddeln zu viel?

PAUL

Was heißt hier daddeln!? Ich lese grad einen interessanten Bericht über den Covidimpfstoff. Das ist Recherche.

JULE
Ach – komm, jetzt tu nicht so. Vor einer Minute hast du noch das Foto von Wolle und dir auf der Eisenbahnbrücke auf Insta gepostet.

PAUL
Das ist lustig!

JULE
Ja, zum Totlachen. Genau wie die Tatsache, dass wir seit zwei Wochen nicht mehr gevögelt haben.

PAUL (nimmt das Handy runter)
Was soll das denn jetzt?

JULE
Ich sags ja nur. Vielleicht sollten wir mal uns anschauen, anstatt aufs Display.

PAUL
Uii! Das war ein Tiefschlag, Mrs. „Ich hab schon 675 Follower".

JULE
Das ist für meinen Job!

PAUL
Ja, sicher! Dabei hat es nichts mit Selbstbestätigung zu tun?!

JULE
Nein! Es geht um meine Kunden.

PAUL
Dann ist es dir egal, wie viele Likes du für dein neues Trainingsvideo hast?

JULE
Was willst du sagen?

PAUL
Dass du eine Heuchlerin bist! Mich machst du doof an und selbst schaust du auf dein Phone, noch bevor du morgens pinkeln gehst!

JULE
Ist ja gut. Ich sag doch, wir beide sollten uns reduzieren.

PAUL (Er legt demonstrativ das Handy auf den Nachttisch)
Gut! Kein Problem! Lass und Sex haben!

JULE (legt auch ihres weg)
Geht doch.

PAUL (wütend)
Super!

JULE (ironisch)
Toll!

Beide liegen mit grimmigen Gesichtern da und starren an die Decke.

JULE (leise)
Wer fängt an?

Paul steht auf und nimmt sein Kissen.

PAUL
Mir ist die Lust vergangen. Ich schlaf im Wohnzimmer.

JULE (wütend)
Gute Nacht.

Kaum ist er aus dem Zimmer, kommt er zurück und schnappt sich sein Handy vom Tisch. Jule lächelt provozierend. Dann knallt Paul die Tür zu. Jule liegt noch einen Moment da. Dann nimmt auch sie ihr Handy und schaut wieder drauf.

[Blende aus]

Kinokomödie / Soap

Rendezvous

Hauptrolle // 20-35 Jahre „Vorschullehrerin" / freundlich / intelligent / nett / entspannt
Anspielpartner // 22-40 Jahre „Meckerfritze"

Emotionalität/Bruch	positiv wird zu genervt / belustigt
Licht	Tageslicht
Spielort	Kinoausgang
Kostüm	Abendgarderobe
Mögliches Geheimnis	1. Nora ist in Jakob verliebt. 2. Nora versucht, Jakob auszutesten.

KINOAUSGANG / AUSSEN - ABEND
NORA und JAKOB kommen aus dem Kino.

JAKOB (schüttelt den Kopf)
7,50 Euro für den Käse. Ich kann's nicht fassen.

NORA
Ach, ich fand's gar nicht so schlecht. Die Musik war toll.

JAKOB
Ich mein, für 'ne ganze Familie wären das 30 Euro!

NORA
Aber das Kino ist doch schön ... irgendwie urig.

JAKOB
Gut, dass du bezahlt hast, sonst würd ich mich jetzt beschweren ...

NORA (ungeduldig)
Ja, also ... wo bleiben Ulrike und Sven nur?

JAKOB
Ach, der Spacken will wie immer den ganzen Abspann sehen ...

NORA
Das kann ich verstehen, wenn mich ein Film wirklich berührt, dann ...

JAKOB
Und was für eine schwachsinnige Geschichte ... als wenn ein Sechsjähriger schon schreiben könnte ...

NORA
Doch. Also bei mir in der Vormittagsgruppe ist ein Fünfjähriger, der schon das ganze Alphabet kann und der hält den Stift auch so grazil. Ich wollte unbedingt mal mit der Mutter sprechen wegen Förder ....

JAKOB (unterbricht sie)
Ja, das ist ja was! Wo bleiben die beiden nur?!

NORA (wird langsam genervt)
Ja ... ja ... Ganz schön kalt geworden, oder?

JAKOB
Ja! Gut, dass ich 'ne Jacke mitgenommen hab.

NORA (will gehen)
Weißt Du was!? Grüß die beiden von mir.

JAKOB (enttäuscht)
Hey! Ich dachte, da geht noch was zwischen uns.

Nora dreht sich zu ihm um, kurz vor einem Lachkrampf.

NORA
Hast du das grad gesagt oder gedacht?

[Blende aus]

Kinokomödie / TV-Serie Comedy

Schnipp, schnapp

Hauptrolle // 19-40 Jahre „Friseurin“ / freundlich / humorvoll / clever
Anspielpartner // 20-40 Jahre „schüchterner Kunde“

Emotionalität/Bruch	freundlich professionell wird zu gerissen heimtückisch
Licht	Tageslicht / künstliches Licht
Spielort	im Friseursalon
Kostüm	legere Kleidung mit Friseurschürze
Mögliches Geheimnis	1. Michelle und Jenny sind ein Paar. 2. Michelle ist müde.

IM FRISEURSALON / INNEN – TAG
MICHELLE kommt zu ihrem Kunden, der bereits vor dem Spiegel sitzt und auffällig durch den Raum schaut, dann aber ertappt zurückschreckt, als sie hinter ihm steht.

MICHELLE
Guten Tag. Darf ich Ihnen was zu trinken anbieten?

KUNDE (schnell)
Nein danke.

MICHELLE
Okay. Wie möchten Sie Ihre Haare denn geschnitten haben?

KUNDE (schaut sich suchend um)
Hmm, also ... eigentlich würde mir Waschen reichen ...

MICHELLE (unsicher freundlich)
Ok, wenn ich sonst nichts für Sie tun kann.

KUNDE
Doch ... ja ... wenn ich ehrlich bin, dann ...

MICHELLE
Dann?

KUNDE
Also ... es ist so. Ich bin eigentlich wegen Ihrer Kollegin Jenny hier.

Schaut in ihre Richtung

MICHELLE (schaut auch rüber)
Ich verstehe. (murmelt) Immer das Gleiche mit euch Männern ...

KUNDE (hat Michelle überhört)
Ja, und deshalb ... deshalb wollte ich Sie fragen, ob Sie mir vielleicht ihre Nummer geben können? Natürlich bekommen Sie auch ein dickes Trinkgeld dafür und ...

MICHELLE (unterbricht ihn)
Wollen Sie nicht erst mal wissen, ob Sie überhaupt ihr Typ sind?

KUNDE (überrascht)
Ähm ... ja. Gut, okay.

MICHELLE (verschwörerisch)
Es ist nämlich so, dass sie einen sehr speziellen Geschmack hat, was das männliche Geschlecht angeht.

KUNDE (interessiert)
Ehrlich? Und wie ist der?

MICHELLE
Eigentlich interessiert sie sich nur für Männer ohne Haarschnitt ...

KUNDE
Was?

MICHELLE (grinst gehässig)
Ja, sie steht auf Glatzköpfe. Aber das Gute ist, dass 'ne Glatze sogar günstiger ist als Waschen. Die gibt's hier nämlich kostenlos. Also?

Der Kunde schaut verängstigt in den Spiegel.

[Blende aus]

Kinokomödie

Selbstmordphobie

Hauptrolle // 16-25 Jahre „Künstlerin" / frech / dramatisch / emotional
Anspielpartner // 16-25 Jahre „bester Freund"

Emotionalität/Bruch	dramatisch wird zu verärgert
Licht	Tageslicht
Spielort	Dach
Kostüm	Jeans / T-Shirt / Turnschuhe
Mögliches Geheimnis	1. Martin ist in Lisa verliebt. 2. Lisa ist paranoid.

DACH / AUSSEN - TAG
LISA und MARTIN stehen auf der Mauer eines Hochhauses. Das junge Pärchen will sich offensichtlich das Leben nehmen. Sie halten sich an den Händen und blicken verängstigt nach unten.

LISA (aufgeregt)
Na gut, also ...

MARTIN (ängstlich)
... wir springen zusammen. Auf drei oder was?

LISA (angestrengt)
... ist mir egal. Meinetwegen müssen wir auch gar nicht zählen.
Das macht mich nur nervös ...

MARTIN
Ja, aber ... woher sollen wir dann wissen, wann der andere springt?

LISA (überlegt)
Na ja, ich denke, wir ziehen uns gegenseitig runter, oder?

MARTIN (misstrauisch)
Wie meinst du denn das jetzt?

LISA (unschuldig)
Ja, also ... wenn ich springe, fällst du mit und umgekehrt ...

MARTIN
Ach so ... klang schon wieder wie ein Vorwurf.

LISA
Wie ein Vorwurf?! Von mir?!

MARTIN
Ja, als wäre es meine Schuld, dass alles so beschissen ist.

LISA
Spinnst du jetzt? Ich hab doch nie gesagt, es wäre deine Schuld! Das Leben ist schuld! Die heuchlerische Gesellschaft! Der Kapitalismus! Unsere Eltern – die scheiß Nazis! Die verdammten ...

MARTIN (unterbricht Lisas Ausbruch)
Gut! Dann bin ich ja froh!

LISA (wird aus ihrer Rede gerissen)
Häh ... ach so ... ja ... also was nun?

MARTIN (nüchtern)
Wir zählen nicht!

LISA (konzentriert sich auf den Sprung)
Gut! Dann hör jetzt auch auf zu quatschen und lass es uns tun ...

MARTIN (vorwurfsvoll)
Aber du redest doch die ganze Zeit.

Lisa atmet genervt aus und schaut fragend zu Martin.

[Blende aus]

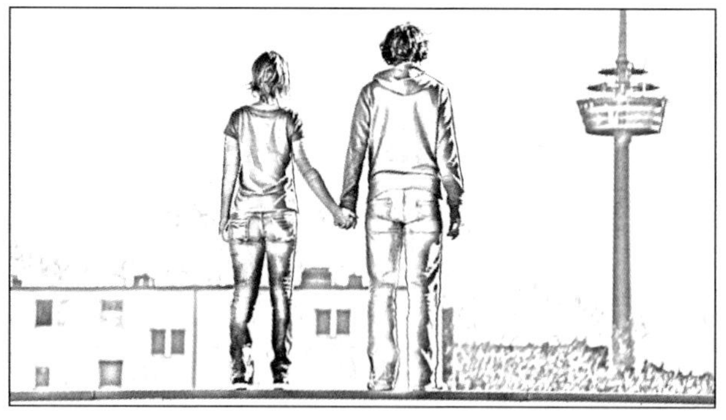

Drama / Familie

Straßenumfrage

Hauptrolle // 22-35 Jahre „Studentin“ / freundlich / professionell / clever
Anspielpartner // 60-80 Jahre „Rentner“

Emotionalität/Bruch	professionell / freundlich wird zu eifersüchtig / ungehalten / genervt
Licht	Tageslicht
Spielort	Innenstadt
Kostüm	sportliche Kleidung / Kappe und T-Shirt einer Organisation
Mögliches Geheimnis	1. Meike hat einen Tinnitus. 2. Meike hat gestern Ihren Freund betrogen.

STRASSE / AUSSEN – TAG
MEIKE steht an einer Straße. Sie hat ein Klemmbrett in der Hand und eine orangefarbene Kappe auf. Sie macht eine Umfrage. Ein älterer HERR steht bei ihr. Er schaut auf den Zettel, den ihm Meike unter die Nase hält.

MEIKE
Das ist sehr nett, dass Sie sich die Zeit nehmen.

HERR (spricht sehr laut)
Ja, also was genau wollen Sie denn wissen?

MEIKE
Also, es geht um Ihr Fernsehverhalten ...

HERR (hört schwer)
Wie „Verhalten“?

MEIKE (freundlich)
Sie schauen doch fern, oder?

HERR
Was?!

MEIKE
Fernsehen!

HERR
Ja, ich hab noch einen alten Röhrenfernseher.

MEIKE (überschwänglich)
Das ist toll! Und was schauen Sie so?

HERR (empört)
Das geht Sie doch überhaupt nichts an.

Meike wird auf einmal von einem Pärchen abgelenkt, welches vor einem Schaufenster stehen bleibt.

MEIKE (mit Blick auf das Pärchen)
Aber Sie wollten doch meinen Fragebogen ausfüllen.

HERR
Was?

MEIKE
Den Fragebogen!

HERR (nimmt sich das Klemmbrett)
Ach so, ja – geben Sie mal her.

MEIKE
Ich bin sofort wieder da, ja?

Meike geht ein paar Schritte und versteckt sich hinter einem Auto. Sie beobachtet das Pärchen und blickt finster. Plötzlich steht der alte Mann hinter ihr.

HERR (laut)
Was heißt denn das hier?

MEIKE (erschreckt)
Ja, also das … ähm … wissen Sie … ich glaube, ich weiß schon alles.
Vielen Dank für Ihre Mühe (nimmt das Klemmbrett)

HERR (will das Klemmbrett nicht hergeben)
Aber hörn Sie mal.
Sie wollten doch was von mir wissen.

MEIKE (aggressiv)
Was?! Nein. Ich bin fertig mit Ihnen und mit meinem Freund auch!
DANKESCHÖN!!!!

Meike geht wutentbrannt weg.

[Blende aus]

Kinokomödie

Talentsucher

Hauptrolle // 22-35 Jahre „Kellnerin" / freundlich / professionell / direkt / sehr gesprächig / naiv
Anspielpartner // 28-40 Jahre „Bauunternehmer"

Emotionalität/Bruch	aufgeregt / peinlich / belustigt / genervt wird zu freundlich
Licht	Kunstlicht
Spielort	Café
Kostüm	helle Bluse, schwarzer Rock, Strumpfhose, Kellnerschürze
Mögliches Geheimnis	1. Zoe ist Undercoverpolizistin. 2. Zoe spricht jeden so an, um herauszufinden, ob es ein Talentsucher ist.

CAFÉ / INNEN – TAG
ZOE kellnert in einem Café. Sie sieht einen neuen Gast und geht zu ihm.

ZOE
Hi. Was kann ich Ihnen bringen?

MARTIN (schaut in die Karte)
Ja, also ich hätte gern ...

Zoe sieht ihren Gast jetzt richtig an und scheint ihn zu erkennen.

ZOE (unterbricht ihn)
Das gibt's ja nicht! Sie sind dieser Typ aus dem Fernsehen ...
(sie setzt sich ihm gegenüber an den Tisch – geheimniskrämerisch)
Dieser Talentscout – Gott – ich schaue Ihre Sendung ... jeden Donnerstag – nichts hält mich davon ab – neulich wollte meine Freundin in die Skihalle – ganz spontan ... ich mein, ich bin spontan, aber nicht am Donnerstag.

MARTIN (unterbricht)
Es tut mir leid, ich glaube, Sie verwechseln mich.

ZOE (verschwörerisch)
Das müssen Sie jetzt sagen, oder?! Klar, die haben extra so Geheimhaltungsklauseln im Fernsehen ...

MARTIN
Echt? Nein!

ZOE (stutzig)
Hab ich aber mal gehört.

MARTIN
Nein, ich meine … ich heiße Martin …

ZOE (flüstert)
Verstehe, Sie wollen bestimmt auch nicht belästigt werden … Tschuldigung.
Was haben Sie gesagt, was Sie trinken wollen?

MARTIN
Ich hatte noch nichts gesagt. Ich arbeite bei einem Bauunternehmen.

ZOE
Was?!

MARTIN
Na ja, ich kenn die Sendung auch, aber ich bin's nicht. Sorry.

ZOE (enttäuscht)
Ach, macht ja nix. Wie peinlich …

MARTIN
Nein! Wissen Sie, wenn ich ein Talentscout wäre, dann würde ich Sie gern entdecken.

ZOE (mürrisch)
Danke. Das ist lieb von Ihnen.

MARTIN (lächelt)
Vielleicht kann ich Ihnen mit einem Baugerüst helfen?

ZOE (lächelt traurig)
Das klingt toll. Wenn ich mal eins brauche, sag ich Bescheid!

MARTIN
Tun Sie das. Cappuccino bitte.

[Blende aus]

Kinokomödie / TV-Familienserie

Zeit und Raum

1. Hauptrolle // 14-25 Jahre „Tochter" / Teenager / frech / lieb / schlagfertig
2. Hauptrolle // 35-60 Jahre „esoterische Mutter" / junggeblieben / liebevoll

Emotionalität/Bruch	1. Isa: genervt wird zu schleimich
	2. Marianne: ruhig wird zu hektisch
Licht	Kunstlicht
Spielort	Wohnung / Küche / Wohnzimmer
Kostüm	1. Isa: farbenfrohe Kleidung / sportlich / modern
	2. Marianne: wallende Stoffe / Yogabekleidung
Mögliches Geheimnis	1. Marianne ist verliebt.
	2. Marianne ist Isas Stiefmutter.

KÜCHE / INNEN - TAG
ISA kommt in die Küche und schmiert sich ein Brot. Sie scheint es eilig zu haben.
Isas Mutter MARIANNE sitzt nebenan im Wohnzimmer im Schneidersitz auf dem Boden. Sie hat die Augen geschlossen.

ISA
Tschööö.

MARIANNE
Nina, warte mal.

ISA (mit vollem Mund)
Ich muss los, Mama.

MARIANNE
Nur ganz kurz.

Isa schwant nichts Gutes. Sie rollt mit den Augen und geht ins Wohnzimmer. Marianne sitzt einfach weiter da. Isa gibt sich einen Ruck. Dann setzt sie sich ihr gegenüber und schließt ebenfalls die Augen.

ISA (genervt)
Aber ich soll doch ...

MARIANNE
Pschttttt. Spürst du das?

ISA
Was genau?

MARIANNE (Sie blinzelt und versucht, ein Lächeln zu unterdrücken.)
Wie ich einfach so die Zeit angehalten habe.

ISA (ganz ernst)
Ja, jetzt spüre ich es auch. Ich hab gar nicht mehr das Bedürfnis rauszugehen …

MARIANNE (freudig)
Siehst du.

ISA
Ich bin im Jetzt und Hier und Zeit und Raum existieren nur noch in meinem Kopf …

MARIANNE
Genau …

ISA
Und alle weltlichen Dinge wie … Sachen aus der Reinigung holen sind weit, weit weg.

MARIANNE (öffnet die Augen)
Willst du damit sagen, du hast immer noch nicht mein Kleid abgeholt?!

ISA
Pssscht … Kleider sind nicht wichtig …

MARIANNE (steht hektisch auf)
Mensch, Isa, hör auf jetzt. Ich brauch doch heute Abend das Kleid.

ISA (springt auf, drückt ihrer Mutter einen Kuss auf die Wange)
Gut! Ich bin schon weg.

MARIANNE (besorgt)
Beeil dich!

ISA (freudig)
Ich fliege durch Raum und Zeit und durch die Haustür!

[Blende aus]

Liebe / Intrige

Abgeschleppt // Affäre // Arachnophobie // Besuch vom Professor // Businessmami // Chance // Elternabend // Glückwunschkarte // Heikle Frage // Hochstaplerin // Im Krankenhaus // Lange Leitung // Nachbarn // Romantik im Friseursalon // Tatort // Umfragetief // Verhängnisvolle Affäre

Soap

Abgeschleppt

Hauptrolle // 18-45 Jahre „die Rachsüchtige" / „die Verlassene" / clever / taff
Anspielpartner // 25-50 Jahre „Exfreund"

Emotionalität/Bruch	gespielt freundlich wird zu gemein
Licht	Tageslicht
Spielort	Straße
Kostüm	sexy Kleidung / farbenfroh
Mögliches Geheimnis	1. Aylin hat von der jahrenlange Affäre ihres Mannes erfahren. 2. Richard will Aylin zurück.

STRASSE / AUSSEN - TAG
RICHARD kommt mit gezücktem Autoschlüssel an der Stelle an, wo etwa zwei Stunden vorher sein Auto stand. Jetzt ist der Platz leer. AYLIN kommt hinzu.

AYLIN
Richard, wie schön, dich mal wieder zu treffen.

RICHARD
Du hast mir gerade noch gefehlt.

AYLIN (gespielt verträumt)
Oh, ich hatte so gehofft, dass ich dir fehle.

Aylins Grinsen wird Richard zu doof. Er zückt sein Handy und beginnt genervt zu tippen. Aylin beobachtet ihn interessiert.

RICHARD (ins Telefon)
Guten Tag, ich würde gern mein Auto als gestohlen melden ... Ja, in Ordnung ...

AYLIN (beiläufig)
Abgeschleppt.

RICHARD
Was?

AYLIN
Dein Auto. Es wurde abgeschleppt. Nicht gestohlen.

Richard legt auf und starrt Aylin an.

RICHARD (misstrauisch)
Warum sollte es hier abgeschleppt worden sein?

AYLIN (deutet auf ein Schild.)
Ausfahrt Tag und Nacht frei halten.

RICHARD
Wir wissen doch beide, dass hier schon lange keine Fahrzeuge mehr ein- und ausfahren.

AYLIN
Vielleicht hat sich das ja geändert, seit du hier wegen deiner nun doch so geliebten Exfrau weggezogen bist.

RICHARD (geht ein Licht auf)
Du hast mein Auto abschleppen lassen!

AYLIN (zuckt mit den Schultern.)
Na, zum Glück hat der Herr nicht wieder gigantischen Hightechkrempel gekauft, das wäre bestimmt kompliziert geworden mit öffentlichen Verkehrsmitteln.

RICHARD
Komisch, dass du das erwähnst, im Laden hat nämlich das Kartenlesegerät gesponnen, nur deshalb habe ich nichts gekauft.

AYLIN (gespielt besorgt)
Wie? Keine einzige deiner Karten hat funktioniert? Wie ärgerlich ...

RICHARD (begreift)
Woher ... Hast du etwa meine Bankkarten sperren lassen? Ich fass es nicht!

AYLIN
Wenn du schon aus meinem Leben verschwindest, dann komplett, kapiert? Und jetzt empfehle ich dir, schnell ein Taxi zu rufen, deine SIM-Karte ist nämlich als Nächstes dran!

Aylin winkt bei diesen Worten mit ihrem Telefon, dreht sich auf dem Absatz um und lässt den verdutzten Richard stehen.

[Blende aus]

Drama / Familie

Affäre

Hauptrolle // 20-30 Jahre „die Affäre“ / sexy / taff / clever
Anspielpartner // 35-50 Jahre „Fremdgeher“

Emotionalität/Bruch	amüsiert wird zu besorgt wird zu geschockt wird zu aggressiv wird zu verzweifelt
Licht	Tageslicht
Spielort	Park o.Ä.
Kostüm	sexy Kleidung, Mantel, Stiefel
Mögliches Geheimnis	1. Lisa ist nicht schwanger. 2. Lisa steckt mit der Ehefrau unter einer Decke.

PARK / AUSSEN – TAG
MICHAEL sitzt auf einer Parkbank. Er sieht nervös und angespannt aus. LISA nähert sich von hinten. Sie schleicht sich an und hält ihm die Augen zu.

LISA (verspielt)
Na – wer bin ich?

Michael reißt die Hände los und schaut sich nervös um.

MICHAEL (ernst)
Was soll der Quatsch?

LISA (schmiegt sich an)
Mein Gott, was ist denn los? Was bist du so angespannt? Als wenn hier jemand langgehen würde, der dich kennt. Ich hab dieses scheiß Versteckspiel eh satt. Warum spielst du nicht endlich mal mit offenen Karten?

Lisa beugt sich zu Michael und versucht, ihn zu küssen. Er lässt sich zunächst darauf ein. Dann bricht er ab.

MICHAEL
Lass das. Ja ... deswegen will ich ja mit dir reden.

LISA (verführerisch)
Ach was! Auf einmal ...

MICHAEL
Ich werde Maria nicht verlassen. Ich will, dass wir uns nicht mehr sehen!

LISA (geschockt)
Was?! Aber du hast doch gesagt, du liebst mich ...

MICHAEL
Jetzt sei doch bitte nicht so naiv. Ein Mann sagt alles, um ihn reinstecken zu können.
Ich will dich nicht mehr sehen.

Michael will gehen. Lisa hat Tränen in den Augen. Ihr Zorn kommt hoch.

LISA
... Das wird schwierig ... Der Kleine braucht doch einen Papa ...

Michael schaut Lisa geschockt an.

LISA
Ja, du hast mich schon verstanden.
Ich bin schwanger.

MICHAEL (kalt)
Du lügst.

LISA
Das wird der Vaterschaftstest zeigen. (lächelt) Soll ich es Maria sagen,
oder willst du ihr die frohe Botschaft überbringen?

MICHAEL (drohend)
Wenn du ihr ein Wort sagst ...

LISA
Was dann?!

Michael sieht sie durchdringend an, dreht sich um und geht.

LISA
Du hörst von mir – bald.

[Blende aus]

Liebesfilm / Coming of age

Arachnophobie

Hauptrolle // 16-20 Jahre „die Verführerin" / sexy / verspielt / geheimnisvoll
Anspielpartner // 16-25 Jahre „Schwarm"

Emotionalität/Bruch	angetrunken / verspielt / sexy wird zu leidenschaftlich / wird zu enttäuscht
Licht	Kunstlicht
Spielort	Zimmer
Kostüm	sexy Kleidung, Partyoutfit
Mögliches Geheimnis	1. Nele hat Tom K.-o.-Tropfen gegeben. 2. Tom ist der Freund von Neles bester Freundin.

WG-ZIMMER / INNEN – TAG
NELE zieht TOM ins Zimmer. Offensichtlich ist eine WG-Party im Gange. Man hört laute Musik und Menschen feiern. Nele schiebt Tom ins Zimmer und schließt die Tür hinter ihm.

TOM
Ich weiß nicht, ist das nicht gefährlich?

NELE (Tom setzt sich auf die Bettkante)
Ach, Quatsch – das ist Hypnose – keine Ayahuascatherapie.
Setz dich einfach hierhin.

TOM
So schlimm ist das mit der Spinnenphobie auch nicht.

NELE
Jetzt hör schon auf! Hypnose kann helfen! Vertrau mir doch! Oder willst du in einer Woche in deiner karibischen Strandhütte liegen und erstarrt vor Angst an die Strohdecke starren? Es gibt allein auf Costa Rica 20.000 verschiedene Arten.

TOM (atmet schwer aus)
Ach, verdammt noch mal! Na gut. Aber mach keinen Blödsinn.

NELE (sie streift über seine Schultern)
Entspann dich. Jetzt such dir einen Punkt an der Wand – irgendwo ... in der Nähe der Zimmerdecke ... hast du einen?

TOM (schaut irritiert)
Ja. Was ist das?

NELE (schaut ebenfalls auf den Punkt)
Eine tote Mücke. Ich hab sie vorgestern platt gemacht. So, jetzt aber. Konzentrier dich.

TOM
Also gut ... Mücke ... (er atmet aus)

NELE
Wenn du das nächste Mal ausatmest – schließe deine Augen.

Tom schließt seine Augen.

NELE (mit ruhiger Stimme)
Nun entspannst du dich mehr und mehr. Lässt alle Anspannung aus deinem Körper fließen. Mit jedem Atemzug nimmst du Entspannung auf und mit jedem Ausatmen gibst du Anspannung ab. Ja, genau so.

Nele schaut Tom immer intensiver an. Unsicherheit huscht über ihr Gesicht. Sie wird sich der Situation bewusst, in der sie ist. Sie beißt sich auf die Lippe.

NELE (mit ruhiger Stimme)
Stell dir nun vor, dass du an einem warmen Tag einen Strandspaziergang machst ... du bist barfuß und deine Füße spüren den warmen, weichen Sand. Es riecht nach Salz und Meer.

Tom beginnt zu lächeln und atmet tief ein. Die Musik im Hintergrund wird leiser und leiser.

NELE (mit ruhiger Stimme)
Die Möwen kreisen am Himmel und du hörst die Wellen an den Strand schlagen – gleichmäßig und sanft. Plötzlich spürst du ein Kribbeln auf der Hand ...

Nele zögert – dann berührt sie sanft Toms Handoberfläche mit ihren Fingerspitzen. Sie schaut nervös auf seine Reaktion.

NELE (mit ruhiger Stimme)
Nun bemerkst du, dass es eine kleine Spinne ist, die langsam deinen Arm hochkrabbelt. Es macht dir nichts aus.

Tom schaut angespannt. Nele fährt mit ihren Fingerspitzen Toms Arm hoch. Sie kommt seinem Gesicht immer näher.

TOM (mit geschlossenen Augen)
Du hast recht – es macht mir nichts aus.

Er öffnet die Augen und schaut Nele erstaunt ins Gesicht. Einen Moment lang schauen sie sich an. Dann wendet Tom sich abrupt ab. Die Musik und die Partygeräusche sind wieder da.

TOM
Ich glaube, das reicht.

Er steht auf und geht. Nele bleibt mit verzweifeltem Blick zurück. Sie greift sich mit beiden Händen an den Kopf.

[Blende aus]

Soap / TV-Serie

Besuch vom Professor

Hauptrolle // 20-30 Jahre „Geliebte“ / „sexy Studentin“ / sinnlich / taff / sensibel
Anspielpartner // 45-55 Jahre „Professor“

Emotionalität/Bruch	verliebt wird zu verletzt
Licht	Tageslicht
Spielort	Café
Kostüm	elegant-sportliche Kleidung / farbenfroh / Kellnerschürze
Mögliches Geheimnis	1. Tessa ist schwanger. 2. Tessa ist auf Franks Geld angewiesen.

CAFÉ / INNEN – TAG
TESSA steht hinter der Theke in einem kleinen Café und putzt ein paar Gläser. FRANK kommt herein. Er sieht sich um. Niemand anderes ist da.

TESSA
Entschuldigung, wir haben noch nicht geöffnet.

FRANK (setzt sich an die Theke)
Umso besser.

Tessa schaut ihn streng an. Dann lächelt sie. Sie sieht sich übertrieben nach allen Seiten um. Dann beugt sie sich zu ihm rüber und küsst ihn zärtlich.

TESSA (murmelt mit tiefer Stimme)
Tessa, bitte – nicht hier – in der Öffentlichkeit. Wir könnten gesehen werden.

FRANK (streng)
Ich bin immerhin dein Professor.

TESSA (verführerisch)
Ja, und – bekomme ich jetzt schlechtere Noten, Herr Professor?!

FRANK (lächelt)
Mal sehen ...

Tessa lacht. Sie geht um die Theke herum und setzt sich neben ihn.

TESSA
Hey.

FRANK
Hey.

TESSA
Du, ich hab meinen Eltern gesagt, dass ich sie am Wochenende besuche.

FRANK
Schön ... dann hab ich mal ein Wochenende Ruhe ...

TESSA (freudig)
... und dass du mitkommst.

Frank starrt sie an.

TESSA
Was denn!? Wir sind doch beide erwachsene Menschen.

FRANK (ernst)
Nein, Tessa.

TESSA (belustigt)
Ach, du nicht?

FRANK
Das möchte ich noch nicht.

TESSA (ernst und bestimmt)
Noch nicht oder gar nicht?

FRANK
Muss ich das jetzt entscheiden?

TESSA (entschlossen)
Ja. Was soll denn das blöde Versteckspiel? Herrgott noch mal, du bist 20 Jahre älter, na und?! Wen interessiert's – das ist doch alles nur in deinem Kopf ... Weißt du was?! Ich muss jetzt arbeiten. Wäre vielleicht besser, wenn du jetzt gehst ...

Tessa hofft noch auf eine Antwort. Doch Frank schweigt. Tessa wendet sich von ihm ab.

[Blende aus]

Soap / Kinoliebesfilm

Businessmami

Hauptrolle // 25-45 Jahre „Singleanwältin“ / freundlich / professionell / humorvoll / clever
Anspielpartner // 28-50 Jahre „Erzieher“

Emotionalität/Bruch	erleichtert / interessiert / dankbar wird zu professionell
Licht	Tageslicht
Spielort	Straße
Kostüm	Businesskleidung / Kostüm / freundliche Farben
Mögliches Geheimnis	1. Alina hat gerade das Gerücht gehört, dass Tom pädophil sei. 2. Alina ist lesbisch.

STRASSE / AUSSEN - TAG
ALINA, eine Businessfrau, geht zügig zu einer Haustür. Als sie gerade klingeln will, kommt ein junger Mann mit einem Kinderwagen auf sie zu.

ALINA (außer Atem)
Entschuldigen Sie. Ich bin zu spät. Es tut mir wirklich leid.

TOM (freundlich)
Macht doch nichts. Ich hab sie noch etwas rumgefahren. Sie schläft jetzt.

ALINA (greift mit der Hand liebevoll in den Kinderwagen)
Vielen Dank. Sie sind ein Schatz. Im Büro haben die Leute kein Verständnis dafür. Die haben keine Kinder und wenn, dann kümmert sich jemand zu Hause drum.

TOM
Ja, ist nicht einfach, beides unter einen Hut zu bekommen ...

ALINA
Sie sagen es. (mit Blick zum Kind) Aber wir beide schaffen das schon. Falls Sie mal was brauchen ... Milch, einen Kuchen oder ... einen juristischen Rat ...

TOM (interessiert)
Sie kennen sich da aus?

ALINA
So ist es. Ehrlich gesagt besser als im Kuchenbacken. Das war eher ein Bluff.

TOM
Ich hab tatsächlich grad ein kleines Problem ... mit meiner „Nochehefrau“.

ALINA (begeistert)
Das ist toll! (stockt) Also ich meine natürlich nicht toll im Sinne von super, aber praktisch, denn ich bin Scheidungsanwältin.

TOM
Ja, dann können Sie mir tatsächlich weiterhelfen.

ALINA (gibt ihre Karte)
Hier steht meine Büronummer drauf. Rufen Sie einfach da an und machen Sie einen Termin aus.

TOM
Okay.

ALINA
Und ich bring Mia wieder morgen um 8?

TOM
Gern. Aber morgen hab ich um 14 Uhr einen Termin. Bitte seien Sie pünktlich.

ALINA (lächelt)
Versprochen.

[Blende aus]

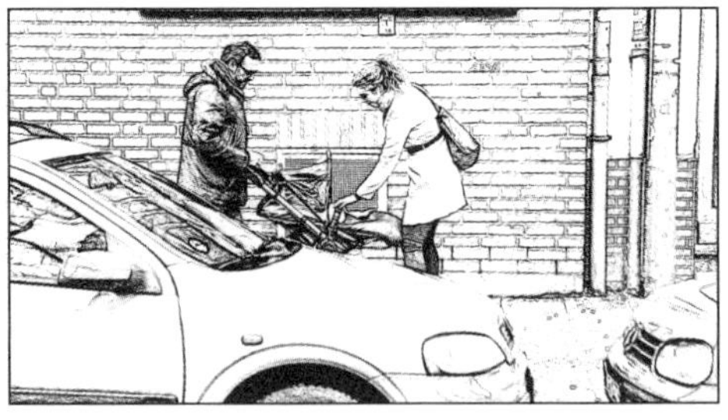

TV-Film / Kino

Chance

Hauptrolle // 20-30 Jahre „attraktive Kellnerin“ / taff / sexy / klug / kreativ / schlagfertig
Anspielpartner // 25-35 Jahre „schüchterner Verführer“

Emotionalität/Bruch	überrascht / genervt wird zu hoffnungsvoll
Licht	Tageslicht
Spielort	Haustür / Straße
Kostüm	elegante weibliche Kleidung / gedeckte Farben
Mögliches Geheimnis	1. Larissa hat schlimme Kopfschmerzen. 2. Larissa ist insolvent und braucht dringend Geld.

VOR EINEM HAUS / AUSSEN – TAG
LARISSA kommt aus dem Haus. Sie trägt offenes Haar und ein wenig Make-up.
TIM ruft plötzlich hinter ihr her.

TIM
Hey, warte doch mal.

LARISSA (überrascht)
Du?! Was machst du hier? Woher weißt du, wo ich wohne?

TIM
Lissi hat's mir verraten ... (überwältigt) Du siehst so ... anders aus ... so hübsch!

LARISSA (trocken)
Mann, nicht so stürmisch! Ich bekomme ganz weiche Knie, wenn du deinen Charme voll aufdrehst.

TIM
Nein, ich meine ... so ohne Kittel und Mütze.

LARISSA
Das ist Pflicht oder dachtest du, das wäre meine erste Wahl aus dem Kleiderschrank?

TIM
Ich wollte ja nur sagen, dass ... du toll aussiehst.

LARISSA (beschämt)
Schleim hier nicht rum, was willst du?

TIM
Ich wollte mich entschuldigen, wegen letztes Mal.

LARISSA (lächelt und will gehen)
Schon gut, ich hab's längst vergessen. Aber nett von dir, dass du vorbeigekommen bist.

TIM (hält sie auf)
Ich hab deine Bilder gesehen.

LARISSA
Bilder?

TIM
Na, die im Café hängen ... die sind toll!

LARISSA
Danke. Das hör ich nicht oft.

TIM
Doch! Ich mein, ich hab sie abfotografiert und sie meinem Onkel gezeigt.

LARISSA (misstrauisch)
Aha ... deinem Onkel ... Hat die Geschichte auch ne Pointe?

TIM
Ja, er hat ne Galerie. „Art und Weise". Sie suchen neue Künstler! Er will dich kennenlernen.

LARISSA
Dein Ernst?! Du verarschst mich!

TIM
Nein, diesmal nicht, aber das Kompliment vorhin ... das war etwas überzogen. (grinst)

LARISSA (aufgeregt)
Was?! Wie? Wann? Wo? Jetzt sag schon!

Tim lächelt verschmitzt.

[Blende aus]

Kinokomödie

Elternabend

Hauptrolle // 35-55 Jahre „Mutter“ / freundlich / selbstbewusst / unabhängig
Anspielpartner // 35-55 Jahre „Ehemann“

Emotionalität/Bruch	angespannt / genervt wird zu verliebt
Licht	Tageslicht
Spielort	vor der Schule
Kostüm	konservative Kleidung
Mögliches Geheimnis	1. Marie sehnt sich nach ihrem alten Leben mit Martin zurück. 2. Marie wusste schon vorher, dass Martin kommt.

SCHULHOF / AUSSEN - TAG
MARIE steht vor dem Schulgebäude. Sie telefoniert.

MARIE (liebevoll)
Nein, Süße ... ich spreche jetzt mit deiner Lehrerin. Das wird sich schon klären. Wir sehen uns gleich zu Hause. Ja ... Tschüss. (legt auf)

MARTIN kommt dazu.

MARIE
Oh, zeigst du aktives Interesse an deiner Tochter?

MARTIN
Und du? Hat dein Liebhaber dich mit dem Motorrad vorbeigebracht?

MARIE
Sehr witzig, Martin. Im Ernst, was machst du hier?

MARTIN
Frau Unruh hat mich angerufen. Sie will mit beiden Elternteilen sprechen.

MARIE
Frau U-n-r-u-h denkt, Lisa verweigere den Sportunterricht, weil es „Probleme zu Hause“ gibt.

MARTIN
Tja, da hat sie wohl den Nagel auf den Kopf getroffen.

MARIE
Unterstehe dich, irgendwas in der Richtung zu sagen.

MARTIN
Sag mir nicht, was ich tun soll.

MARIE
Martin, bitte. Fang nicht schon wieder an.

MARTIN
Was soll ich denn machen, wenn Henry erzählt, er habe meine Frau mit diesem Vorzeithippie gesehen?

MARIE
Du weißt, dass das nicht stimmt. Ich brauchte einfach mal ein bisschen Abstand. Ein bisschen Zeit für mich ...

MARTIN
Und funktioniert's?

MARIE
Ehrlich gesagt, es geht so. Irgendwie hab ich es mir lustiger vorgestellt.

MARTIN
Gut.

MARIE
Findest du?

MARTIN (lächelt)
Vor allem finde ich, dass Unruh ein lächerlicher Name ist.

MARIE (lächelt)
Finde ich auch.

[Blende aus]

Kinokomödie / TV-Serie

Glückwunschkarte

Hauptrolle // 28-35 Jahre „die Humorvolle mit Stil" / elegant / freundlich / humorvoll / sexy
Anspielpartner // 28-40 Jahre „Schwiegersohn"

Emotionalität/Bruch	angestrengt / belustigt / genervt wird zu verliebt
Licht	Tageslicht
Spielort	Wohnung / Küche
Kostüm	festliche Abendgarderobe
Mögliches Geheimnis	1. Anna ist heimlich schwanger. 2. Anna will Moritz gestehen, dass sie pleite sind.

KÜCHE / AUSSEN - TAG
ANNA sitzt in einem Abendkleid in der Küche und brütet einen Text für eine Glückwunschkarte aus. MORITZ kommt hinzu, er schaut Anna über die Schulter und versucht, seine Krawatte zu binden.

ANNA (gestresst)
Oh Mann, mir fällt nix ein.

MORITZ
Was hast du denn bis jetzt?

ANNA
Herzlichen Glückwunsch ...

MORITZ
Das ist doch schon mal ein guter Anfang.

ANNA
Warum schreib ICH eigentlich die Karte für DEINE Eltern?!

MORITZ
Wieso nicht? Sie lieben dich.

ANNA
Ja klar, deine Mutter hat eben extra angerufen, um zu sagen, dass wir nicht wieder so spät kommen sollen wie zum Sommerfest deiner Tante.

MORITZ
Ja und?

ANNA
Das war vor drei Jahren. Wird sie uns denn nie verzeihen, dass wir 20 Minuten zu spät waren?

MORITZ
Meine Mutter nimmt das halt sehr genau.

ANNA (erschöpft)
Ich weiß. Mir fällt nix ein.

MORITZ (fummelt mit dem Krawattenknoten)
Kannst du mir mal helfen?

ANNA (verspielt)
Ach was?! Hat dir das deine Mutter nicht beigebracht?

Anna steht auf und bindet Moritz die Krawatte.

MORITZ
Scheint nicht so. Mhhh, du riechst gut. (Er versucht sie zu küssen)

ANNA
Denk an die 20 Minuten ...

MORITZ
Ach was soll's – machen wir ne halbe Stunde draus.

Beide lachen. Sie löst die Krawatte wieder und wirft sie hinter sich. Sie küssen sich.

[Blende aus]

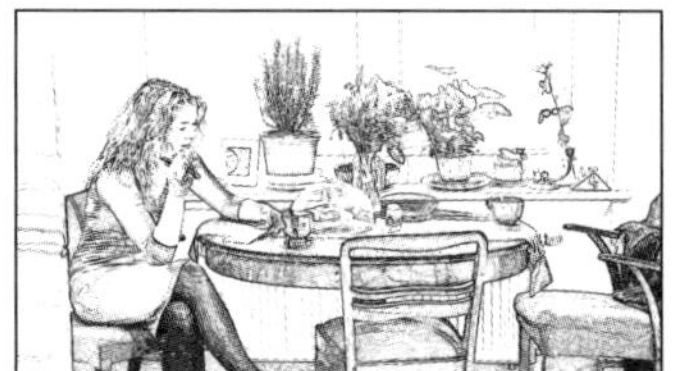
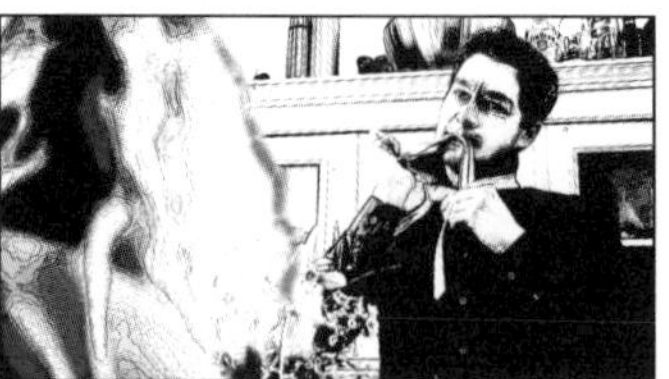
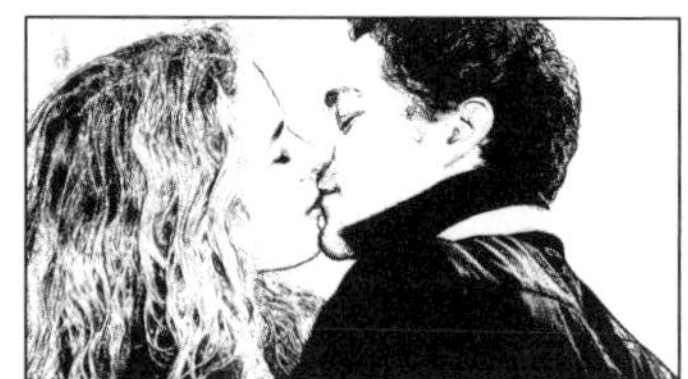

Kinokomödie / Romanze / Soap

Heikle Frage

Hauptrolle // 22-35 Jahre „die Verliebte“ / freundlich / humorvoll / clever
Anspielpartner // 25-40 Jahre „der liebe Freund“

Emotionalität/Bruch	verliebt / unsicher / nervös wird zu glücklich
Licht	Tageslicht
Spielort	Wohnung / Schlafzimmer
Kostüm	Pyjama / legere Hauskleidung
Mögliches Geheimnis	1. Elisa ist schwanger. 2. Elisa hat Tom betrogen.

WOHNUNG / INNEN - TAG
TOM sitzt auf dem Bett und legt Wäsche zusammen. ELISA kommt dazu und setzt sich neben ihn. Sie beobachtet ihn.

ELISA (ironisch)
Das machst du aber gut.

TOM (verspielt)
Ja, da staunst du. Was ich alles kann.

ELISA
Vielleicht engagier ich dich als meinen persönlichen Wäschezusammenleger.

TOM
Das wird aber nicht billig.

ELISA (verführerisch)
Das ist ja klar. Am Geld soll's nicht scheitern. Dafür such ich aber die Arbeitskleidung aus.
Da weiß ich schon was ...

TOM
Verstehe.

Sie fangen an zu kuscheln bis Elisa plötzlich stoppt.

ELISA
Eigentlich gar keine schlechte Idee.

TOM (misstrauisch)
Was?

ELISA
Wenn du bei mir einziehst. Ich meine, wir sind eh immer zusammen und du bist doch so gut wie nie in deiner Wohnung. Ich meine, was du da an Miete sparst. Hm?

TOM (hebt einen Slip von ihr hoch)
Hab ich den schon mal gesehen?

ELISA (nervös)
Was denkst du?

TOM
Ich denke nicht. An die Schleifchen könnte ich mich sonst erinnern.

ELISA
Ich meine doch, das mit der Wohnung.

TOM (trocken)
Ach das! Okay.

ELISA (überrascht)
Ist das dein Ernst?! Das ist ja großartig! Wann? Sofort?!
Ich freu mich!!!

Elisa fällt Tom um den Hals.

[Blende aus]

TV-LIEBESFILM

Hochstaplerin

Hauptrolle // 20-35 Jahre „Putzfee" / schön / humorvoll / spontan / empathisch
Anspielpartner // 25-40 Jahre „Traummann"

Emotionalität/Bruch	aufgeregt / verliebt / versucht cool zu sein
Licht	Tageslicht
Spielort	Arztpraxis
Kostüm	Reinigungsoutfit / weißer Kittel
Mögliches Geheimnis	1. Mara ist todkrank. 2. Mara wird zu dem Schritt gezwungen.

AUTO / INNEN - TAG
MARA ist Reinigungskraft und putzt regelmäßig in einer Arztpraxis. Sie ist gerade dabei, den Schreibtisch abzuwischen, als sie jemanden draußen entdeckt. Es ist ein Mann, der sich suchend umschaut. Er hat einen roten Schal in der Hand. Mara erschrickt und sieht sich panisch um. Schnell zieht sie ihre Handschuhe aus und legt einen weißen Kittel an. Sie setzt sich an den Schreibtisch und versucht professionell auszuschauen. Der Mann, MARCEL, öffnet die Tür und steckt seinen Kopf rein.

MARCEL (lächelt)
Wusste ich's doch.

MARA
Wie haben Sie mich gefunden?

MARCEL (grinst)
Das war nicht so schwer - Sie haben ja gesagt in der Nähe der Kirche...

Marcel kommt rein und reicht Mara den Schal.

MARCEL
Den haben Sie vergessen.

MARA (nervös)
Das ist ja ... danke. Ja ... also, kann ich sonst noch was für Sie tun?
Irgendwelche Pillen oder so?!

MARCEL
Nein, danke. Ich bin bestens versorgt. Aber vielleicht könnten Sie mit mir essen gehen oder so?

MARA
Essen?! Ja, also ich hab noch einige Patienten heute... das wird wohl...

MARCEL
Vielleicht Freitagabend. Ich kann Sie hier abholen?

MARA (panisch)
Hier?!

MARCEL
Oder zu Hause. Wenn Sie mir Ihre Adresse verraten.

MARA
Zu Hause?! Ähh – nein – das geht nicht. Wir können uns irgendwo treffen ... wenn Sie wollen?

MARCEL
Beim Thailänder an der Ecke?

MARA
Ja, warum nicht. Und nun muss ich wirklich weiterarbeiten. Wissen Sie, da geht grad ein ganz fieses Virus um, das hats wirklich in sich. Fassen Sie bloß nichts an – ich meine Türklinken und ähhhm Haltegriffen und so ...

MARCEL
Ich denk dran. 8 Uhr?

Mara nickt schüchtern. Marcel winkt und verlässt die Praxis. Marcel nickt noch mal, als er am Fenster vorbeigeht. Manu winkt.

[Blende aus]

TV-Serie

Im Krankenhaus

Hauptrolle // 28-40 Jahre „die schöne Ärztin“ / taff / weiblich / autoritär / sexy / kinderlieb
Anspielpartner // 28-40 Jahre „Singlevater“

Emotionalität/Bruch	professionell wird zu privat
Licht	Tageslicht
Spielort	Krankenhaus / Arztpraxis
Kostüm	Arztkittel
Mögliches Geheimnis	1. Marie wurde gerade verlassen. 2. Marie ist lesbisch.

KRANKENZIMMER / INNEN – TAG
MARIE steht vor einer Liege, auf dem ein kleiner Junge sitzt. Sie horcht ihn ab. Sein Vater MALTE steht daneben.

MARIE
Kannst du noch mal für mich husten.

Der Junge hustet.

SUPER.
Danke, du kannst deinen Pullover wieder anziehen.

MALTE
Seine Mutter bestand darauf, zu Ihnen zu kommen ...

MARIE
Ist ja auch richtig. Nur ich kann Ihre Frau beruhigen: Er ist absolut topfit.

MALTE
Oh, nein. Sie ist nicht meine Frau. Nur ... die Mutter.

MARIE
Ach so ... NUR die Mutter (grinst)
Wie auch immer, alles in Ordnung.

MALTE (verlegen)
Ich meinte damit, wir sind nicht verheiratet, also so gar nicht ... ähh ...

MARIE
Ja, ich verstehe. Kann ich sonst noch was für Sie tun?

MALTE
Joa, also ... Vielleicht könnten Sie mit mir ausgehen?

MARIE
Entschuldigung?

MALTE
Morgen vielleicht? Kino oder Essen?

MARIE
Ehrlich gesagt, halte ich das für keine gute Idee ...

MALTE
Wieso nicht?

MARIE (verblüfft)
Weil ... ich arbeiten muss ... und weil Sie mein Patient sind ... und ... ich möchte lieber nicht.

MALTE (charmant)
Nennen Sie mir einen guten Grund.

MARIE (lächelt)
Ich dachte, das hätte ich gerade ...

MALTE (nimmt seinen Sohn an die Hand)
Na gut, dann geh ich jetzt.
Und lasse mich vom Bus anfahren.
Dann sehen wir uns wenigstens schnell wieder.

MARIE (muss lächeln)
Dann passen Sie aber auf, für Unfallchirurgisches bin ich nicht zuständig.

Malte lächelt zurück.

[Blende aus]

TV-Serie / Soap

Lange Leitung

Hauptrolle // 22-35 Jahre „Krankenschwester“ / freundlich / professionell / humorvoll
Anspielpartner // 28-40 Jahre „junger Arzt“
Komparse // Patient

Emotionalität/Bruch	nervös / verliebt / unsicher / charmant / schüchtern
Licht	Tageslicht
Spielort	Krankenhaus / Krankenzimmer
Kostüm	Krankenschwesterkleidung
Mögliches Geheimnis	1. Marie hat mit Kollegen gewettet, dass sie ihn rumkriegt. 2. Marie hat einen Knopf im Ohr von jemandem, der ihr vorgibt, was sie sagen soll.

KRANKENHAUS – KRANKENZIMMER / AUSSEN – TAG
MARIE betritt das Krankenzimmer. Sie trägt eine „Jetzt frag ich ihn“-Miene. SIMON steht am Krankenbett und misst Blutdruck bei einer Patientin, die offenbar schläft.

MARIE
Hier bist du!

SIMON (schaut kurz auf und lächelt)
Ja. Brauchst du mich?

MARIE
Ja, vielleicht schon.

Marie kommt ans Bett ran und schaut Simon intensiv weiter an.

SIMON (irritiert)
Was ist?

MARIE
Also, am Samstag ist doch der Ärzteball ... und ich wollte mal fragen ... ob ... du da hingehst.

SIMON (rafft nix)
Ach ja, der Ball ... weiß noch nicht ... Und du?

MARIE
Ja, also ich würde da schon ganz gerne hingehen ...

Die Patientin grinst mit geschlossenen Augen.

SIMON (begreift immer noch nicht)
Aha.

MARIE
Aber nicht allein ...

Die Patientin zuckt und Simon kapiert es endlich.

SIMON (hört auf zu messen)
... Ahhh – ähm, ja. Also, ich meine, wenn du nix dagegen hast, würde ich dich ...,
also du mich begleiten ... auf den Ball ... vielleicht?

MARIE (lächelt mit Siegesmiene)
Ja, vielleicht.

SIMON
Am Samstag um 7?

MARIE
Das würde mir wahrscheinlich passen. Holst du mich ab?

SIMON
Ja, sicher. Gern.

Marie dreht sich um und will gehen.

SIMON
Ähhm. Wo wohnst du?

MARIE (strahlt)
Goethestraße 45b. Direkt hinter der Malzmühle.

SIMON
Okay.

MARIE
Okay.

SIMON
Dann um 7.

MARIE (lächelt)
Ja, um 7 bei mir.

SIMON
Hinter der Malzmühle ...

MARIE (grinst)
So ist es.

Marie geht beschwingt raus. Simon bleibt etwas verunsichert, aber glücklich zurück. Er bemerkt die Patientin, die jetzt wach ist und ihn anstrahlt.

[Blende aus]

TV-Liebesfilm

Nachbarn

Hauptrolle // 25-45 Jahre „Verliebte" / freundlich / humorvoll / redselig / schüchtern
Anspielpartner // 28-40 Jahre „süßer Nachbar"

Emotionalität/Bruch	aufgeregt / verliebt / unsicher
Licht	Kunstlicht
Spielort	Buchladen
Kostüm	legere Arbeitskleidung
Mögliches Geheimnis	1. Johanna soll für ihre Freundin testen, ob Henry treu ist. 2. Johanna will an Hernys besten Freund ran.

BUCHLADEN / INNEN – TAG

JOHANNA steht mit einer Kollegin hinter einem Tresen und sortiert. Plötzlich sieht Johanna einen Mann, den sie offenbar erkennt, den Laden betreten.

JOHANNA (erschrocken)
Oh – mein Gott

KOLLEGIN
Was denn?

JOHANNA
Da ist er.

KOLLEGIN
Wer?

Johanna versteckt sich hinter einem Bücherständer.

JOHANNA
Pssst. Ich bin nicht da.

KOLLEGIN
Was? Ach ist das etwa der Rhabarberkuchenmatsch?

JOHANNA
Jaha.

KOLLEGIN (flüstert)
Dann geh hin. Oh, er sieht ganz verloren aus zwischen den Selbsthilfe- und den Elternratgebern ...

JOHANNA (lugt über den Tresen)
Was? Wo denn? Ist er nicht süß?

KOLLEGIN
Jetzt geh schon hin, sonst kauft er noch „Das Leben ist eine Apfelsine".

Johanna fasst Mut und dann taucht sie hinter dem Tresen auf, als wäre nichts gewesen.

JOHANNA (zu sich)
Angriff ist die beste Verteidigung.

Langsam gleitet sie auf HENRY zu. Sie taucht plötzlich neben Henry auf und er erschrickt.

JOHANNA
Kann ich helfen?

HENRY
Ach Gott! Hallo. Ja ich äh – nein ... oder doch ... vielleicht.

JOHANNA
Suchen Sie ein Selbsthilfebuch?

HENRY (sieht sich fahrig um)
Sieht wohl so aus.

JOHANNA
Zu einem bestimmten Thema?

HENRY
Haben Sie den Kuchen gefunden?

JOHANNA
Oh ja, allerdings war nur die Hälfte da. War wohl eine Maus drin oder ein Eichhörnchen ... oder der Hund von den Nachbarn, der macht Geräusche wie ein Schwein. Ist wohl ein Atemproblem ...

HENRY
Oh

JOHANNA
Oh, keine Sorge, ich glaube, der bekommt noch genug Luft.

HENRY
Oh, nein – ich dachte, wegen des Kuchens ...

JOHANNA
Ach so! Also ... die Reste sahen echt lecker aus.

HENRY
Ja?

Johanna nickt und lächelt.

[Blende aus]

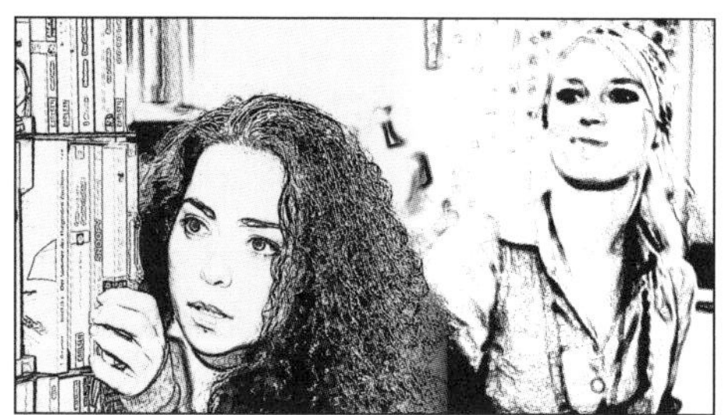

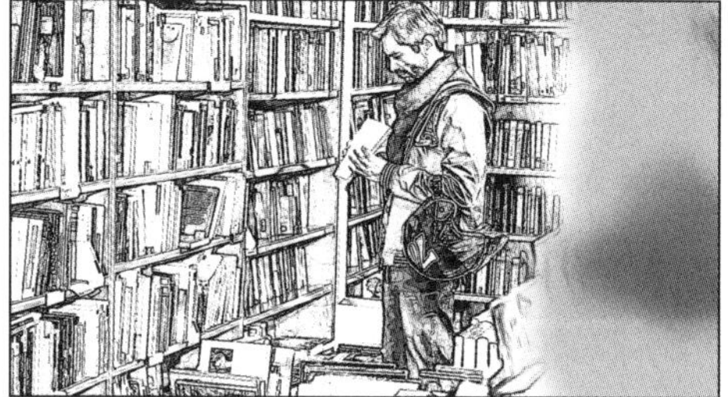

Kinokomödie / Soap

Romantik im Friseursalon

Hauptrolle // 20-40 Jahre „Geliebte“ / freundlich / professionell / sexy
Anspielpartner // 28-40 Jahre „Ex-Liebhaber“

Emotionalität/Bruch	distanziert wird zu verliebt
Licht	Kunstlicht
Spielort	Friseursalon
Kostüm	farbenfrohe Kleidung, elegant - sexy / Friseuraccessoires
Mögliches Geheimnis	1. Mia ist heimlich schwanger. 2. Mia ist mit Lukas Frau befreundet.

IM FRISEURSALON / INNEN - TAG
MIA ist Friseurin, ihr Exliebhaber LUKAS betritt den Laden. Sie steuert den Aufenthaltsraum an, doch er stellt sich ihr in den Weg und grinst sie breit an.

LUKAS
Einmal Trockenschnitt bitte.

MIA
Was soll das denn jetzt?

LUKAS
Auch ich muss mir die Haare mal schneiden lassen, oder?

MIA
Aber doch nicht von mir!

Die beiden sehen sich an. Ein paar Kollegen im Hintergrund schauen schon neugierig, was Mia sehr unangenehm ist.

MIA
Wie du willst, dann setz dich. Aber pass auf, dass ich dir nicht aus Versehen die Ohren abschneide!

Lukas setzt sich auf den Friseurstuhl und beobachtet Mia im Spiegel.

LUKAS
Und, wie geht es dir?

MIA
Du meinst, wie ich seit unserer Trennung klar komme? Prima!

LUKAS
Ah, du bist also noch Single.

Er grinst breit. Mia ist kurz davor, ihn mit einer Schere zu erstechen, ihre Finger krampfen sich um selbige.

MIA
Das habe ich nicht gesagt. Ich bin nur nicht mehr an verheirateten Männern interessiert.

LUKAS
Und an geschiedenen?

MIA (kann es nicht glauben)
Wie jetzt, bist du etwa zur Vernunft gekommen?

Lukas nickt.

LUKAS (strahlt)
Heute Morgen hab ich die Scheidung eingereicht.

MIA (begreift)
Das ist ... das ist ... ja großartig!

LUKAS
Und? Hab ich noch Chancen?

MIA
Natürlich nicht!

Die beiden fallen sich in die Arme und küssen sich innig.

[Blende aus]

TV-Serie / Krimi

Tatort

Hauptrolle // 22-35 Jahre „junge Kommissarin“ / freundlich / professionell / sexy
Anspielpartner // 28-40 Jahre „Kommissar“

Emotionalität/Bruch	routiniert / gestresst / wütend / genervt
Licht	Tageslicht
Spielort	Kneipe
Kostüm	sportliche Kleidung / Lederjacke / Jeans
Mögliches Geheimnis	1. Meike will Steffen zurück. 2. Meike ist mit Steffens bestem Freund zusammen und hat deswegen ein schlechtes Gewissen.

KNEIPE / INNEN – TAG
MEIKE betritt eine für Gäste geschlossene Kneipe. Sie schaut sich kurz um. Überall tummeln sich Leute von der Spurensicherung. Dann sieht sie ihren Kollegen und geht direkt auf ihn zu. Sie stellt sich neben ihn und betrachtet eine Leiche auf dem Boden.

MEIKE
Was ist passiert?

STEFFEN (beißt in ein Brötchen)
Nach Selbstmord sieht es nicht aus ... Ähhh, du hast da was im Gesicht.

MEIKE
Das ist Farbe. Ich renovier gerade. Irgendwelche Zeugen?

STEFFEN (unfreundlich)
Wieso renovierst du? Ziehst du mit ihm zusammen? Plant ihr schon ein Baby?

MEIKE
Herrgott, Steffen. Könnten wir mal beim Thema bleiben?
Wo ist die Tatwaffe?

STEFFEN
Und du streichst Blau? Du hasst Blau.

MEIKE
Das ist kein Blau. Das ist Violett und ehrlich gesagt, geht es dich überhaupt nichts an, welche Farbe ich benutze …

STEFFEN
Ach, auf einmal.

MEIKE (zischt)
Das ist nicht der richtige Zeitpunkt, Steffen.

STEFFEN
Und wann ist der? Du rufst ja nie zurück.

Meike atmet ein und versucht, sich zu beruhigen, holt ihren Notizblock heraus und beginnt zu schreiben.

MEIKE
Also, keine Tatwaffe, keine Zeugen, aber das Überwachungsvideo.
Wurde es schon gesichtet?

STEFFEN
Die Aufnahmefunktion war nicht eingeschaltet. Warum rufst du nie zurück?

MEIKE (gereizt)
Weil ich keine Lust habe und wenn du nicht professionell genug sein kannst, weiter mit mir zu arbeiten, dann lass dich versetzen. Ansonsten habe ich kein Interesse mehr daran, mit dir irgendeine Art von privaten Gesprächen zu führen.
Ist das klar?!

Meike geht. Steffen beißt wieder ins Brötchen.

[Blende aus]

Soap

Umfragetief

Hauptrolle // 35-40 Jahre „Chefin“ / unfreundlich / verschlossen / streng / dominant / sexy
Anspielpartner // 28-40 Jahre „Angestellter“

Emotionalität/Bruch	professionell / streng wird zu flirtend
Licht	Kunstlicht
Spielort	Büro
Kostüm	Geschäftskleidung / Kostüm
Mögliches Geheimnis	1. Hannah fühlt sich von Nick angezogen. 2. Hannah war Opfer einer Vergewaltigung.

BÜRO / INNEN – TAG
HANNAH sitzt am Schreibtisch und schreibt am Computer. NICK, ein junger Angestellter, kommt aufgeregt herein.

NICK
Entschuldigung, dass ich störe, aber …

HANNAH
Habe ich „Herein“ gesagt?! Nein, denn Sie haben wohl vergessen anzuklopfen.

Mit einem Händewink deutet sie auf die Tür. Nick verdreht fast unmerklich die Augen und geht noch mal vor die Tür. Nick klopft.

HANNAH
Herein?!

NICK
Es geht um den Gruber-Fall. Ich habe neue Informationen …

HANNAH (steht auf und geht nah an Nick heran)
Ich habe gehört, dass im Büro keine gute Stimmung herrscht. Stimmt das?

NICK
Äh … was meinen Sie?

HANNAH
Anscheinend bin ich nicht grad beliebt bei meinen wundervollen Mitarbeitern.

NICK (verunsichert)
Was? ... Ich weiß nicht ...

HANNAH (geht langsam um Nick herum)
... was Sie darauf sagen sollen? Was will sie hören? Wie verhalte ich mich richtig? Tja, Herr Schüller ... das müssen Sie wohl nun selbst entscheiden.

NICK
Ich bin hier, um mit Ihnen über den Gruber-Fall zu sprechen. Privatangelegenheiten gehen mich nichts an.

HANNAH
Oh, wie geschickt ausgewichen. Tja, Herr Schüller, ich denke, wir müssen mal über Ihre Versetzung sprechen.

NICK
Was?! Was soll das?

HANNAH
Wir gehen heute Abend aus. 8 Uhr holen Sie mich ab.

NICK
Ich verstehe nicht.

HANNAH
Sie alle denken doch, dass ich eine bösartige, eiskalte Feministin bin ... Sie brauchen darauf nicht zu antworten. Ich werde Ihnen und nur Ihnen die Chance geben, Ihre Meinung zu ändern ...

Nick starrt Hannah an.

HANNAH (blickt wieder auf ihren PC)
Danke, Herr Schüller. Das wäre alles. 8 Uhr.

[Blende aus]

Kinokomödie / TV-Serie

Verhängnisvolle Affäre

Hauptrolle // 22-35 Jahre „Singleärztin" / freundlich / professionell / humorvoll / clever
1. Anspielpartner // 28-40 Jahre „Schwiegersohn"
2. Anspielpartner „Patient/in"

Emotionalität/Bruch	eifrig / versucht, professionell zu wirken / flirty / amüsiert
Licht	Tageslicht
Spielort	Untersuchungszimmer / Krankenhaus
Kostüm	Arztkittel
Mögliches Geheimnis	1. Marie weiß, dass sie die Stelle bekommt, auf die sich Fabian beworben hat. 2. Marie ist total verliebt in Fabian, der will aber nur Sex.

UNTERSUCHUNGSZIMMER / INNEN – TAG
MARIE steht im Untersuchungszimmer und behandelt einen Patienten. Dieser hat eine Platzwunde an der Lippe. Marie nimmt eine Kompresse und drückt sie dem jungen Mann an den Mund.

MARIE
So, drücken Sie bitte die Kompresse fest ran.

PATIENT (murmelt)
Aber ...

MARIE
Bitte jetzt nicht sprechen. Ich messe noch schnell Ihren Blutdruck.

Marie legt die Armbinde an. FABIAN kommt herein.

FABIAN
Marie, wenn du gleich fertig bist, bräuchte ich dich in der 8.

MARIE
Sind die Laborwerte von dem Borowski schon da?

FABIAN
Warum hast du nicht zurückgerufen?

PATIENT (murmelt)
Ich glaube ...

MARIE (streng)
Nicht reden.
(zu Fabian) Können wir das später besprechen?

FABIAN
Gerne. Heute Abend um 8? Kino? Ich hol dich ab.

MARIE
Ich dachte da eher an einen Kaffee in der Kantine.
120 zu 90 (notiert den Wert auf einer Krankenkarte)

FABIAN
Sagen wir Abendessen um 6.

MARIE
Ich hab Notdienst bis um 11.

FABIAN
Schade.

MARIE (zum Patienten)
So, Sie gehen nun ein Stockwerk rauf zum Röntgen.

PATIENT (besorgt murmelnd)
Hm ...

MARIE
Immer schön drauf drücken.
(zu Fabian)
Aber vielleicht danach.

FABIAN
Echt?

MARIE
Na ja, wenn ich nicht will, dass du wieder meinen gesamten AB vollquatschst, brennende Herzen vor meinem Haus aufstellst und mir nachts im Auto auflauerst ...

hab ich wohl keine andere Chance. (lächelt)

FABIAN
Und vergiss nicht die Katzenköpfe, die bald in deinem Briefkasten stecken ...

MARIE
Ach ja, die.

Marie zieht sich die Handschuhe aus und geht Richtung Tür.

Also, was ist jetzt in der 8?

FABIAN
Ach, das war doch nur ein Vorwand, um dich in den Raum zu locken.

MARIE
Dein Ernst?

FABIAN
Nein. Messerstich ...
(Beim Rausgehen)
Hast du „Verhängnisvolle Affäre“ gesehen?!

Marie lacht.

[Blende aus]

MONOLOGE FÜR FRAUEN

Drama / Familie

Abschied // Bargeschichten // Freiheitskämpferin // Kontakt abgebrochen // Zum Schluss

Kinodrama

Abschied

Hauptrolle // 20-50 Jahre „die Verstörte“ / mutlos / traurig / verzweifelt

Emotionalität/Bruch	verzweifelt wird zu entschlossen
Licht	Tageslicht
Spielort	Brücke
Kostüm	Grautöne / Pullover / Daunenjacke
Mögliches Geheimnis	1. Anna hat jemanden umgebracht. 2. Anna ist schwanger.

BRÜCKE / AUSSEN - TAG

ANNA steht in der Dämmerung auf einer Brücke und filmt sich selbst. Sie stellt ihr Handy auf die Brückenmauer, drückt „Record“ und positioniert sich etwas zu nah vor die Kamera, sodass ihr Gesicht beinahe das ganze Bild einnimmt. Ihre Augen blicken traurig und verstört ins Leere.

ANNA

Ich ... Also ... Ihr ...

Ihre Stimme bricht ab. Sie muss ihre Augen schließen. Dann atmet sie tief durch und blickt fest in die Kamera:

Es tut mir leid - sehr leid ... Aber ich habe beschlossen, denen keine Macht mehr über mich zu geben. Ich kann nicht mehr! Ich halte das nicht mehr aus ... (Und dann sehr leise mehr zu sich selbst sprechend)

Ich will auch nicht mehr!
Mama, es tut mir so leid. Ich weiß, du wolltest immer nur das Beste für mich.
Aber ich bin nicht so wie du - wie IHR! Ich kann nicht mehr so leben wie ihr!
Endlich habe ich den Mut gefunden, mein Leben selbst zu bestimmen ...
Nie wieder lasse ich zu, dass mich jemand ...

Sie fasst sich an den Hals und sagt sehr bestimmt.

Nie - wieder!

Ein leichtes Lächeln huscht über ihre Lippen und auch ihre Augen werden weicher.

Ich habe diesen Tag schon lange geplant. Aber ich möchte nicht, dass ihr Manu etwas hiervon erzählt ... Bitte! Das ist mein letzter Wille ...

Anna blickt auf ihre Füße und dann über die Brücke auf den Fluss. Ihre Augen füllen sich mit Tränen, sie blickt wieder in die Kamera, möchte noch etwas sagen und öffnet ihren Mund, doch ihre Stimme versagt ... Dann atmet sie langsam tief durch, schließt die Augen und schaltet das Handy ab.

[Blende aus]

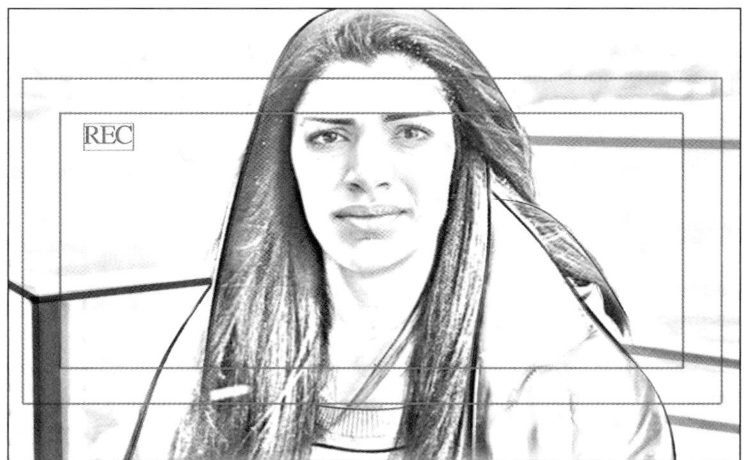

TV-Serie / Krimi

Bargeschichten

Hauptrolle // 20-50 Jahre „Kellnerin" / taff / selbstbewusst / frech

Emotionalität/Bruch	desinteressiert / gleichgültig wird zu besorgt
Licht	Kunstlicht
Spielort	Polizeiwache / Verhörraum
Kostüm	T-Shirt / Jeans / Absatzschuhe
Mögliches Geheimnis	1. Nina hat mit dem Täter geschlafen. 2. Nina hat Fieber.

VERHÖRZIMMER / INNEN - TAG

NINA sitzt am Tisch. Sie sieht erschöpft und müde aus. Sie fühlt sich unwohl. Ein Beamter kommt rein und setzt sich ihr gegenüber.

NINA (genervt)

Zu der Zeit habe ich in so ner Bar gearbeitet. Ich hab da nicht viel verdient, aber es war besser als nichts. Na ja - dieser Typ kam jeden Abend - immer um die gleiche Zeit - setzte sich zu mir an die Bar und bestellte immer das Gleiche: Wodka-O. Er war widerlich - verstehen Sie? Hat dauernd dumme Sprüche losgelassen. Einer von den Typen, die sich jede Nacht vor dem Tablet einen runterholen. Diese Typen gibt's überall - ich sag Ihnen, jeder, der schon mal gekellnert hat, kann solche Geschichten erzählen. Ich hab mir nichts dabei gedacht.

Hab versucht, ihn zu ignorieren. Und irgendwann kam er später als sonst und war völlig durch den Wind. Aber es war mir egal, was sollte mich das interessieren.
Dann hat er gesagt, heute wäre ein Tag zum Feiern und hat ne Lokalrunde geschmissen.
Fand ich cool. Tja und das war's ... mehr gibt's nicht zu sagen. Ich hab erst am nächsten Tag erfahren, dass er seine komplette Familie umgebracht hat.
Hätt ich nicht gedacht ... ich mein, dass der ne Familie hat ...

[Blende aus]

Kinodrama

Freiheitskämpferin

Hauptrolle // 25-60 Jahre „die Gerechte" / „Freiheitskämpferin" / selbstbewusst / kämpferisch / stark

Emotionalität/Bruch	verzweifelt wird zu kämpferisch
Licht	Kunstlicht
Spielort	Polizeiwache / Verhörzimmer
Kostüm	Rollkragenpullover / dunkle Farben
Mögliches Geheimnis	1. Isabell war selbst drogenabhängig. 2. Isabell hasst Männer.

VERHÖRZIMMER / INNEN - TAG
ISABELL sitzt vor der Kamera. Offenbar hat sie schon ein Verhörmarathon hinter sich. Sie ist völlig am Ende. Ein neuer Ermittler befragt sie.

ISABELL

Ich hab Sie angerufen ... mindestens Tausend Mal ... ich hab Briefe geschrieben - monatelang. Ich hab Ihnen gesagt, wie der Typ heißt - Sie hatten Namen und Adresse. Der Typ sitzt in Ihrem Stadtrat, in seinem feinen Anzug mit seiner Sekretärin ... bezahlt brav seine Steuern ... (fährt sich durch die Haare)
Und Sie wollten es nicht wissen. Sie haben es ignoriert, obwohl Sie wussten, dass ich recht habe. Irgendjemand musste doch was unternehmen.
Der Mann verkauft Drogen an meine Schüler - an Kinder - vor einer Woche starb ein Elfjähriger an einer Überdosis ... Elf Jahre (liebevoll)
Der Junge war wirklich begabt ... Die Schüler sollten ein Gedicht schreiben und seins ... seins war richtig gut ... Ich musste ihn stoppen. (verzweifelt)
Ich wollte nicht, dass jemand anderes zu Schaden kommt. Das hab ich nicht gewollt ... ich hatte alles so perfekt geplant. (schüttelt den Kopf) Wie konnte das nur schief gehen?! Und dieses Schwein lebt noch.

[Blende aus]

Krimi / Drama

Kontakt abgebrochen

Hauptrolle // 20-35 Jahre „Tochter“ / desinteressiert / genervt

Emotionalität/Bruch	angestrengt / nervös / zu emotional
Licht	Kunstlicht
Spielort	Polizeiwache / Verhörzimmer
Kostüm	T-Shirt / Jeans / Strickjacke / Erdtöne
Mögliches Geheimnis	1. Mona lügt. Ihre Mutter ist in Monas Wohnung. 2. Mona hat Migräne.

VERHÖRZIMMER / INNEN – TAG
MONA sitzt vor der Kamera. Sie sieht nervös und müde aus. Dann blickt sie in die Kamera.

MONA

Was wollen Sie eigentlich von mir?! Ich hab meine Mutter seit zwei Jahren nicht gesehen. Na gut, ich hab gehört, sie ist nach dem Entzug nach Hamburg gezogen. Sie hat einen neuen Freund, glaub ich. Ich kenne ihn nicht. Aber sie scheint ihn zu mögen, sonst wäre sie nie weggezogen. Schön für sie. Nein, ich bin ihr nicht böse. Sie war noch ein Kind, als sie mich bekam. Und sie war allein. Letztes Jahr hatte ich ein paar Schwierigkeiten wegen meiner Wohnung. Ich musste raus, weil die Eigentümer wollten … na ja … is ja auch egal …

Sie will sich eine Zigarette anzünden, doch das Feuerzeug funktioniert nicht. Genervt gibt sie auf.

Da hab ich sie angerufen. Ich dachte, sie hätte vielleicht ‘ne Idee, wo ich für ein paar Tage unterkommen könnte. Sie hat sich so gefreut, mich zu hören, sie war richtig überrascht. (blickt traurig nach draußen) Jedenfalls war es das letzte Mal, dass ich sie gesprochen habe. Mehr kann ich Ihnen nicht sagen.

[Blende aus]

Kinokrimi / Drama

Zum Schluss

Hauptrolle // 20-45 Jahre „die Davongelaufene“ / geheimnisvoll / zweifelnd / stark

Emotionalität/Bruch	zweifelnd / traurig wird zu gefasst
Licht	Tageslicht / Kunstlicht
Spielort	Wohnung / Raum
Kostüm	sportliche Kleidung / helle Farben
Mögliches Geheimnis	1. Mara kommt niemals zurück. 2. Mara ist noch in derselben Stadt.

RAUM / INNEN – TAG
MARA sitzt vor ihrem PC und schaut in die Webcam.

MARA

Hallo – ihr. Dieses Video ist für meine Familie und für meine engsten Freunde. Wie ihr wisst, bin ich nicht mehr bei euch. Nach der ganzen Sache mit Luke und dem Gericht und so wurde ich sofort weggebracht. Sie haben mir einen neuen Namen gegeben. Ich darf euch nicht sagen, wo ich bin und was ich hier mache. Eigentlich darf ich euch gar nichts sagen ... aber ich würde euch so gern so viel mitteilen und deshalb – dieses Video. Es tut mir sehr leid, dass ich euch im Stich gelassen habe. Ich weiß, ihr denkt nicht so, aber ich fühle mich, als wäre ich einfach davongerannt. Und es tut mir leid, dass ich mich nicht einmal von euch verabschieden konnte. Das hätte ich wirklich gern gemacht, aber es blieb keine Zeit ... Wir waren uns alle einig, dass ich das Richtige tue, aber um welchen Preis ... Ich bin mir nicht mehr sicher. Ich bin mir in so vielem nicht mehr sicher ... Ihr fehlt mir so und ... ich wollte noch ...

Mara schreckt hoch, als hätte sie was gehört. Schaut dann ängstlich in die Cam und schaltet sie ab.

[Blende aus]

Action / Krimi

Laufbursche // Mutter im Verhör // Notwehr // Zeugin

TV-Krimi

Laufbursche

Hauptrolle // 18-40 Jahre „die Taffe“ / selbstbewusst / sexy / provokativ / frech

Emotionalität/Bruch	belustigt / genervt wird zu emotional
Licht	Kunstlicht
Spielort	Polizeiwache / Verhörzimmer
Kostüm	schwarze Lederjacke, farbiges, enges Top
Mögliches Geheimnis	1. Gina ist unschuldig, aber deckt eine Freundin. 2. Gina ist die Verantwortliche und nicht nur Laufbursche.

VERHÖRZIMMER / INNEN – TAG

Die Szene beginnt mit dem Aufbau der Videokamera (die Kamera wird hingestellt und läuft dabei schon). Die taffe GINA beobachtet diesen Vorgang mit Argusaugen und gibt sofort ihren Kommentar ab.

GINA

Und jetzt? Soll ich mich ausziehen?
Dann kannst du „harter“ Cop mich ja noch mal so richtig festnehmen und so …
(lacht auf) Deine notgeilen Spannerkollegen, die mir da hinter der Scheibe
in den Ausschnitt glotzen, würd's sicher freuen … oder was wollt ihr sonst?
Muss ich mich ständig wiederholen?! (setzt Mitleidsmiene auf)
Soll ich die Geschichte noch mal mit Tränen in den Augen erzählen,
damit ihr mir glaubt? Ich war der Laufbursche für die, mehr nicht.
Verdammte Scheiße, ich bin da halt so reingerutscht.
Ich war jung und naiv, und als ich dann alt genug war, um zu begreifen,
was ich da überhaupt mache, war es zu spät. Erst gab man mir Süßigkeiten und später gab's
dann ab und zu mal 'n bisschen Kohle, wenn man 'nen Kunden mal wieder richtig schön über
den Tisch gezogen hatte. Aber ey, wenigstens war's was, worin ich
richtig gut war. Die haben mich gebraucht und ich
(nachdenklich und mit starrem Blick) – ich hab mich halt damit abgefunden.
War halt schon fast so 'n bisschen was Familienartiges.
Jedenfalls hab ich die öfter gesehen als meine scheiß versoffenen Eltern.
Kennt ihr Bullen doch bestimmt. Wie nennen die das im Tatort immer?
Stockholmsyndrom?

Es ist mir so scheißegal, ob ihr mir glaubt oder nicht.
Am besten sperrt ihr mich direkt ein. Ich weiß eh nicht, wo ich hin soll. Ist ja keiner mehr da.

[Blende aus]

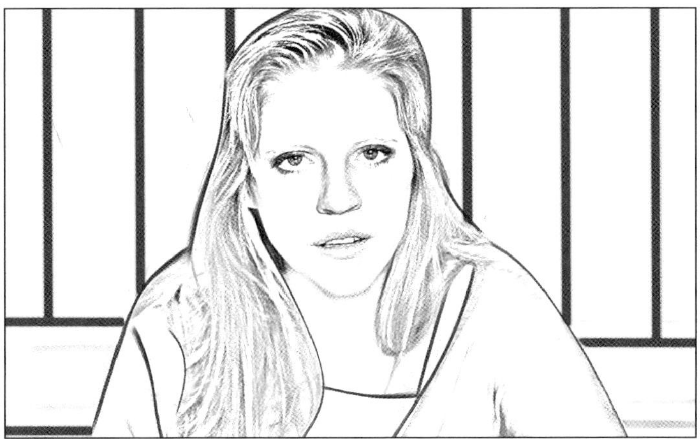

Kinokrimi / Drama

Mutter im Verhör

Hauptrolle // 25-45 Jahre „Singlemutter" / überfordert / müde / naiv

Emotionalität/Bruch	angestrengt / nervös / eingeschüchtert / verzweifelt
Licht	Kunstlicht
Spielort	Polizeiwache / Verhörzimmer
Kostüm	verschmutzte Kleidung, farbiges Langarmshirt mit Ausschnitt
Mögliches Geheimnis	1. Isabell hat die Wohnung selbst angezündet. 2. Isabell bildet sich die Kinder nur ein.

VERHÖRZIMMER / INNEN - TAG

ISABELL sitzt am Tisch und schaut in die Kamera. Das Verhör wird offenbar von einer Videokamera mitgeschnitten. Isabell scheint müde und eingeschüchtert.

ISABELL (zittert)

Ich hab sie doch nur ganz kurz allein gelassen. Ich wollte nur kurz runter zum Laden. Dann hab ich Niklas getroffen. Der wohnt nebenan. Wir quatschen manchmal. Er kann gut zuhören. Der hat einen Klamottenladen in der Grünbergstraße, wissen Sie. Na ja, jedenfalls hatte ich Melika und Philipp verboten, mit dem Feuerzeug zu spielen. Ich weiß auch gar nicht, wie sie ... und dann brannte schon alles. Es ging so schnell. Ich bin nicht versichert, wissen Sie. Das wird bestimmt alles sehr teuer, oder? Haben Sie den Vater von den beiden schon angerufen? Der wohnt in Spanien oder so ... Sie sollten ihn anrufen. Er wird bestimmt sauer ...
Kann ich jetzt zu meinen Kindern?

[Blende aus]

TV-Krimi / Kinodrama

Notwehr

Hauptrolle // 20-35 Jahre „junge Mutter" / nervenschwach / ängstlich / gefährlich

Emotionalität/Bruch	nervös / verzweifelt wird zu selbstsicher
Licht	Kunstlicht
Spielort	Polizeiwache / Verhörzimmer
Kostüm	braune Wolldecke umgelegt
Mögliches Geheimnis	1. Jule ist unschuldig, aber deckt ihren schuldigen neuen Freund. 2. Jule hat aus Habgier getötet.

VERHÖRZIMMER / INNEN – TAG
JULE sitzt zusammengekauert am Tisch. Sie wirkt sehr nervös und lässt den Kopf hängen. Dann blickt sie hoch und beginnt, langsam und zitternd zu sprechen.

JULE

Als ich Justin sagte, dass ich schwanger bin ... ist er völlig ausgeflippt. Er wollte, dass ich es wegmachen lasse. Aber ich wollte nicht. Ich hab gewusst, dass ich es auch allein schaffe. Wir – mein Baby und ich – wir schaffen das auch allein, hab ich gesagt ... Ich bin ausgezogen und hab mir eine kleine Wohnung in der Südstadt gemietet. Als meine kleine Luise auf die Welt kam, war ich der glücklichste Mensch auf Erden. Sie war so wunderschön und so klein und sie brauchte mich so ... Ein paar Tage nach ihrer Geburt tauchte Justin dann auf. Er sagte, dass er sie sehen wolle. Aber ich wollte das nicht. Er hatte sie abtreiben lassen wollen und jetzt war er nicht mehr ihr Vater ... Ich musste sie doch beschützen ... Deshalb habe ich ihn getötet. Ich weiß, er wollte ihr wehtun und das konnte ich doch nicht zulassen ...

[Blende aus]

Kino / Thriller

Zeugin

Hauptrolle // 19-35 Jahre „Partymaus“ / oberflächlich / desinteressiert / cool

Emotionalität/Bruch	genervt / gelangweilt
Licht	Kunstlicht
Spielort	Polizeiwache / Verhörzimmer
Kostüm	pinkfarbenes, enges Top mit weitem Ausschnitt / Jeansjacke / viel Schmuck
Mögliches Geheimnis	1. Nina ist die Täterin und will jemand anderen beschuldigen. 2. Nina hatte an dem Abend Sex mit dem Opfer.

VERHÖRZIMMER / INNEN – TAG
NINA sitzt auf einem Stuhl. Sie ist genervt und raucht eine Zigarette. Dann blickt sie gelangweilt in die Kamera.

NINA

Was wollen Sie eigentlich von mir?! Ich kannte den Typen nicht und ich habe nicht vor, mich Tausend Mal zu wiederholen.
Seit zwei Stunden halten Sie mich hier schon fest. Glauben Sie nicht, dass ich Besseres zu tun habe?!
Also noch mal: Ich bin so um 4 Uhr aus dem Club raus, bin mit ein paar Leuten um die Häuser gezogen und der Typ war eben auch dabei.
Ich mein, da sind immer irgendwelche Typen. Wenn ich jeden nach dem Namen fragen sollte ... Jedenfalls war der ganz schön drauf.
Hat dauernd irgendwas gelabert von Briefen und dass er in der Scheiße sitzt.
Keine Ahnung – ich hab nicht wirklich zugehört.
Wir sind dann zu Ben gegangen und haben dort weiter gefeiert.
Wir hatten schon einiges getrunken, haben, glaub ich, ein paar Lieder gesungen.
Ich weiß es nicht mehr genau. Als ich mir dann ein Taxi gerufen habe, hat der Typ dann schon draußen auf der Treppe gelegen. Ich dachte, der Freak pennt.
Ich hab ihn jedenfalls nicht angepackt. Dann bin ich ins Taxi gestiegen und mehr hab ich nicht mitbekommen.
War es das jetzt?!

[Blende aus]

Komödie / Comedy

So kann ich nicht arbeiten

Comedy

So kann ich nicht arbeiten

Hauptrolle // 22-35 Jahre „Schauspielerin“ / professionell / energisch / arrogant

Emotionalität/Bruch	professionell wird zu genervt / wütend
Licht	Kunstlicht
Spielort	an einem Set
Kostüm	aufwendiges Abendkleid
Mögliches Geheimnis	1. Nele hat Hunger. 2. Nele hat Liebeskummer wegen des Kameramannes.

AM SET / INNEN – TAG

NELE sitzt rauchend auf dem Sofa, schick gekleidet und frisiert. Sie scheint an einem Filmset zu sein, denn hinter ihr stehen Scheinwerfer. Sie ist mit den Nerven am Ende.

NELE

Nein, so arbeite ich nicht ... nein, nein, nein ...
Hör mir zu! Ich komm hier hin, bin in jeder Beziehung gut vorbereitet, kann den Text aus dem Effeff, hab Requisiten angeschleppt, einen Maskenbildner mitgebracht, ja, das ist ja auch Geld! Geld und Zeit und, ach, überhaupt! Ich hab mich echt gefreut! Da erwartet man doch das Gleiche auch von eurer Seite – wir sind doch nicht im Kindergarten hier. Low-Budget-Produktion, da hat man doch wenigstens Spaß und zeigt E ... Ehrgeiz! Da, da kann doch nicht auf der Szene das Handy da schellen und überhaupt, wenn man sagt, um 8 Uhr geht's los, dann geht's auch um 8 Uhr los! Bitte! Verdammt noch mal, wo bin ich denn hier ... Das ist doch echt ... ist das doch ... Scheiße!

REGISSEURIN (aus dem Off)

Ja. Hey sorry, ist alles ein bisschen blöd gelaufen ... Pass auf, wir machen jetzt nur noch diesen Take und dann ist erst mal Feierabend für heute!
(Nele nickt genervt. Sie steht auf. Bringt sich vor der Kamera in Position)

REGISSEURIN (aus dem Off)

Und bitte!!!

NELE (theatralisch in die Kamera)

Nur ein toter Mann ist ein guter Mann.

[Blende aus]

DIALOGE FÜR MÄNNER

Drama / Familie

Altlasten // Auf Platte // Auf der Suche // Das Schillinghaus // Drohung // Guter Rat // Ideenklau // Klassenfahrt // Kollegen // Schusswechsel // Vaterliebe

Kinokrimi / Drama

Altlasten

Hauptrolle // 25-35 Jahre „Außenseiter" / geheimnisvoll / charmant / tiefgründig
Anspielpartnerin // 25-35 Jahre „Date" / hübsch / clever

Emotionalität/Bruch	verliebt / charmant wird zu düster wird zu verzweifelt
Licht	Kunstlicht (Straßenlaternen)
Spielort	Auto
Kostüm	dunkle Kleidung / Longsleeve
Mögliches Geheimnis	1. Eric hört Stimmen. 2. Eric will Lisa nur testen.

AUTO / INNEN - NACHTS
ERIC fährt LISA nach Hause. Beide schauen sich immer wieder an. Lisa lächelt. Eric schaut ernst.

LISA (freudig-nervös)
Da vorn isses schon.

Eric hält an. Beide wirken verlegen.

ERIC (sanft)
War schön mit dir.

LISA
Willst du parken?

ERIC
Parken?

LISA (grinst)
Da drüben ist einer frei. Das kommt sehr selten vor. Die Gelegenheit muss man nutzen.

ERIC (unsicher)
Ich weiß nicht.

LISA (verlegen)
Ach so – äh ja klar – ich mein. Alles gut. Ähhmm – wir sehen uns dann …

ERIC
Nein, warte! Ich muss dir was erzählen.

LISA (setzt sich wieder)
Ja?

ERIC
Ich hätte es dir schon längst sagen sollen.

LISA (interessiert)
Was denn?

ERIC (stockt)
Ich weiß einfach nicht, wie ich es sagen soll.

LISA (angespannt)
Du machst mir Angst.

ERIC (zu sich)
Ja.

LISA (ängstlich)
Eric. Bitte.

ERIC
Julia Winkelmann. Ich war 15. Sie ging auf die Kolb Schule.

LISA
Ja! Ich erinnere mich an sie! Die wurde doch vermisst und später hat man sie im Römerpark gefunden. Sie wurde verprügelt und starb dann im Krankenhaus.

ERIC (bestimmt)
Das war ich.

LISA (schockiert)
Was warst du?

ERIC
Es war so ein Gruppending. Ich wollte es nicht, aber … Tilo hat mich immer weiter provoziert und wir hatten Wodka getrunken …

LISA (vorsichtig)
Was sagst du da?

ERIC
Ich hab nur einmal zugeschlagen. Sie stürzte und fiel mit dem Kopf ...

LISA
Du hast jemanden umgebracht?

ERIC
Acht Jahre, neun Monate und drei Wochen saß ich ein.

LISA (starrt nach vorn)
Okay.

ERIC
Ich war ein völlig anderer Mensch damals. Ich kann es mir einfach nicht erklären.

LISA
Und jetzt dachtest du, du musst mir das sagen.

ERIC
Ja. Ich mag dich. Ich will nicht, dass das zwischen uns steht.

LISA (den Tränen nahe)
Zwischen uns ... Ich denke ... ähm ... es gibt noch gar kein „Uns".
Lisa greift zur Autotür. Tut mir leid, Eric – ich muss das erst mal ...

ERIC
Verstehe. Lass dir Zeit. Ich wollte nur ...

LISA
Ja, klar. Ehrlich sein. Ich meld mich.

Lisa versucht Eric anzulächeln und steigt aus. Eric blickt ihr nach. Sein Blick verdunkelt sich.

[Blende aus]

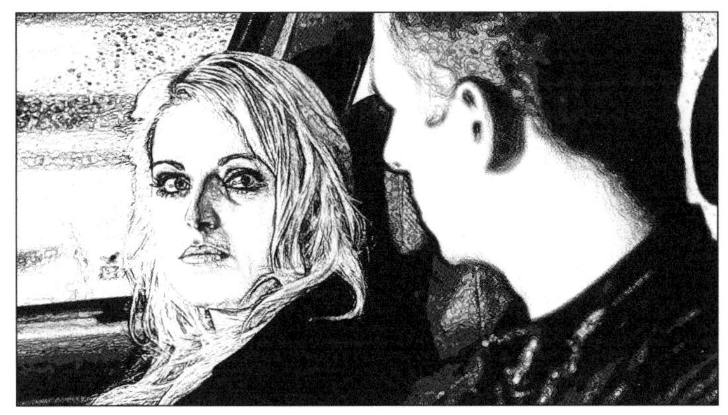

Kinokrimi / Drama

Auf Platte

Hauptrolle // 25-55 Jahre „Sozialarbeiter“ / engagiert / offenherzig / bodenständig / loyal
Anspielpartnerin // 16-35 Jahre „Ausreißerin“

Emotionalität/Bruch	aufgeregt / verzweifelt wird zu resigniert / emotional
Licht	Tageslicht
Spielort	Straße
Kostüm	legere Kleidung
Mögliches Geheimnis	1. Linus ist in Lea verliebt. 2. Linus hat seine Sozialarbeiterstelle längst verloren.

FUSSGÄNGERZONE / AUSSEN – TAG
LINUS geht schnellen Schrittes durch die Fußgängerzone. Er sucht nach jemandem. Dann erblickt er eine junge Punkerin auf dem Boden.

LINUS
Lea – was soll das?! Warum haust du ab?

LEA
Mensch, Linus! Ich kann das nicht!

LINUS (aufgeregt)
Was redest du? Natürlich kannst du!
Die Leute warten auf dich – du hast eine Chance!

LEA
Einen Scheiß hab ich!

LINUS
Jetzt hör mal zu! Ich hab dir 'ne Bude besorgt, ich hab dir dieses Vorstellungsgespräch besorgt und verdammt noch mal, du wirst da jetzt hingehen!

LEA
Das bin ich nicht, Mann! Ich will das nicht!

Linus schaut Lea eine ganze Weile an – er begreift, dass sie es ernst meint. Dann lässt er die Schultern hängen und setzt sich neben Lea auf den Bürgersteig. Er atmet aus.

LINUS (RESIGNIERT)

Tut mir leid. Ich dachte, ich tu dir was Gutes …

LEA

War ja auch nett gemeint … aber … mir ist halt nicht zu helfen …

LINUS

Tja – das ist wohl so …

LEA

Mach dir keinen Kopf – ich komm schon klar.

LINUS

Weißt du, als ich anfing mit dem Job, hab ich gedacht, ich könnte wirklich was verändern … was verbessern … Mein kleiner Bruder ist mit 16 weg … ich hab seit sechs Jahren nichts mehr von ihm gehört …

LEA

Dem geht's schon gut … man verschwindet nicht einfach.

LINUS

Doch. (Er steht entschlossen auf)
Manchmal verschwindet man einfach und dann löst man sich auf und niemand wird je erfahren, dass du da warst …

Linus geht.

[Blende aus]

Kinokrimi / Drama

Auf der Suche

Hauptrolle // 22-35 Jahre „Barkeeper" / „Sunnyboy" / gut aussehend / immer gut gelaunt
Anspielpartner // 50-70 Jahre „älterer Herr"

Emotionalität/Bruch	freundlich wird zu misstrauisch wird zu genervt
Licht	Kunstlicht
Spielort	Bar / Kneipe
Kostüm	laszive Kleidung / Surfer-Hemd / T-Shirt
Mögliches Geheimnis	1. Sam hat Lea gekidnappt. 2. Sam hat Leas Vater auf die Spur gebracht. Er will Lea rächen.

BAR / INNEN - TAG

SAM arbeitet als Barkeeper in einer angesagten Bar. Der beliebte Sunnyboy bereitet gerade seine Schicht vor, als ein älterer Mann den Raum betritt:

SAM (charmant)
Tag der Herr, wir haben noch geschlossen.

MANN
Ich suche Samuel.

Sam schaut den Mann misstrauisch an.

SAM
Aha. Und warum suchen Sie ihn?

MANN
Du bist Samuel.

SAM
Ich heiße Sam. Was wollen Sie?

MANN
Ich will wissen, wo meine Tochter ist.

SAM

Woher soll ich das wissen!? Hier finden Sie keine Antworten. (drohend)
Geh nach Hause, alter Mann.

Der Mann ein Foto aus seiner Tasche und knallt es auf die Theke. Sam blickt drauf.

MANN

Du warst der Letzte, mit dem sie zusammen war. Ich werde zur Polizei gehen und ihnen das Foto zeigen, wenn du mir nicht hilfst.

SAM

Einen Scheißdreck wirst du tun! Das Foto beweist gar nichts!

Der Vater dreht sich um und geht Richtung Tür.

SAM

Lea will nichts mehr von Ihnen wissen. Sie hasst Sie und Ihre Frau. Sie ist abgehauen, weil sie das scheiß Spießerleben satt hatte. Sie kommt nie wieder zurück.
Am besten Sie vergessen sie ...

[Blende aus]

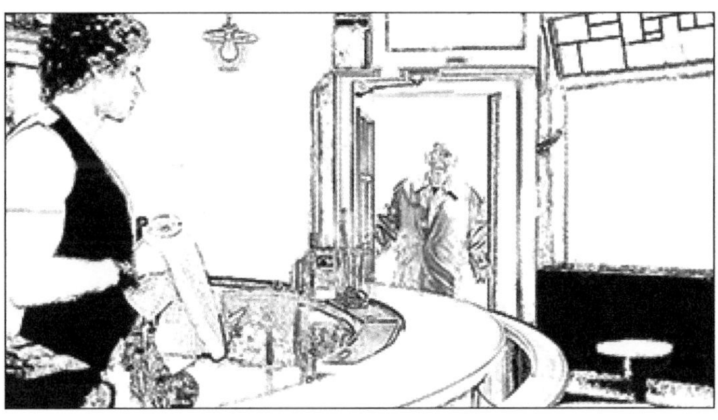

TV-Soap / Krimi

Das Schillinghaus

Hauptrolle // 22-35 Jahre „Makler“ / schleimig / professionell / ehrgeizig / clever / fies
Anspielpartner // 28-40 Jahre „ehrgeiziger Student“

Emotionalität/Bruch	siegessicher / arrogant / selbstbewusst wird zu verunsichert / fies wird zu freundlich
Licht	Tageslicht
Spielort	vor dem Büro
Kostüm	Anzug / Grautöne
Mögliches Geheimnis	1. David denkt, dass Ingo eine Affäre mit seiner Frau hat. 2. Die beiden sind Brüder.

BÜROGEBÄUDE / AUSSEN - TAG
DAVID kommt aus seinem Büro. Er hat einen Aktenkoffer bei sich und fängt an, eine Nummer in sein Handy zu tippen. Plötzlich läuft INGO hinter ihm her.

INGO
David, warte mal.

DAVID
Was gibt's? Ich hab's eilig.

INGO (empört)
Was sollte das da drinnen. Das Schillinghaus war mein Projekt.

DAVID (trocken)
Und jetzt ist es meins.

INGO
Das ist nicht fair.

DAVID
Nicht fair?!
Du kapierst es nicht, oder? Du kommst hierher mit deinem tollen Uniabschluss.
Denkst, du könntest alles übernehmen. Aber das ist mein Laden hier.
Ich bestimme die Regeln, klar?

INGO (direkt)
Was hast du gegen mich?

DAVID
Es geht nicht um dich persönlich. Du bist nur irgendeiner, der versucht, groß rauszukommen. Glaub mir, die waren alle schon hier. Du musst dir einen anderen Spielplatz suchen.

INGO
Du kannst mich nicht vertreiben.

DAVID (freundlich)
An deiner Stelle würd ich mich nicht mit mir anlegen. Das Schillinghaus war nur der Anfang. Gewöhn dich besser daran, Akten zu sortieren, mein Lieber, denn in diesem Haus bekommst du garantiert kein Bein auf den Boden.

INGO
Das werden wir sehen.

DAVID (lächelt)
Das werden wir.
Und jetzt entschuldige mich. Ich hab ein wichtiges Meeting.

David grinst und geht ab.

[Blende aus]

Kinokrimi

Drohung

Hauptrolle // 20-35 Jahre „Macho“ / „Gangster“ / eiskalt / sexy / charmant
Anspielpartner // 20-35 Jahre „Mauerblümchen“

Emotionalität/Bruch	flirtend wird zu drohend
Licht	Tageslicht
Spielort	im Café
Kostüm	T-Shirt / Lederjacke / dunkle Farben
Mögliches Geheimnis	1. Marco ist Auftragskiller. 2. Marco ist der heimliche Bruder von Lea.

IM CAFÉ / INNEN - TAG
LEA sitzt im Café und liest. Hinter ihr steht MARCO und beobachtet sie. Plötzlich setzt er sich neben sie.

MARCO (charmant)
Was für einer schöner Tag zum Lesen, oder?!

LEA
Hm? Ja, ja.

MARCO
Warum so ernst? Lesen Sie etwas Trauriges?

LEA (skeptisch)
Entschuldigung, kennen wir uns?

MARCO
Wer weiß – ich glaube Sie kommen mir bekannt vor. Vielleicht hab ich Sie schon im Fernsehen gesehen. Sind Sie vielleicht Schauspielerin?

LEA (lächelt beschämt)
Nein, ganz sicher nicht.

MARCO
Oh, immerhin ein Lächeln – mein Tag ist gerettet.

Lea lächelt und liest weiter.

MARCO

Ah – jetzt weiß ich, woher ich dich kenne. (mit brechender Stimme)
Du bist die Schlampe, die meinen kleinen Bruder an die Bullen verpfiffen hat.

Lea schaut Marco erschrocken an. Marco packt sie am Genick und aufs Bein und flüstert in ihr Ohr.

MARCO (drohend)

Ja – genau, ich kenne dich und ich weiß, wo du wohnst, du Scheißfotze, und auch, wo deine Scheißfamilie wohnt und wenn du den Bullen noch ein einziges Wort sagst, garantiere ich dir, wird das der letzte Sommer für dich und deine Leute.

(lächelt) Also – mach's gut, Engelchen.

Marco steht auf und geht.

[Blende aus]

TV-Film / Drama

Guter Rat

Hauptrolle // 18-25 Jahre „Hitzkopf" / aufbrausend / bodenständig / dickköpfig / loyal
Anspielpartner // 50-60 Jahre „Stiefvater"

Emotionalität/Bruch	überrascht wird zu wütend wird zu aggressiv
Licht	Tageslicht
Spielort	in einem Hof / Werkstatt
Kostüm	Blaumann / Jeans, ölverschmiertes T-Shirt
Mögliches Geheimnis	1. Oliver mag Walter. 2. Oliver weiß, dass seine Mutter Walter betrügt.

WERKSTATTHOF / AUSSEN – TAG
Hinterhof. OLIVER steckt mit dem Kopf im Motorraum eines Autos. Er schraubt. Plötzlich steht WALTER hinter ihm.

WALTER
Und ... hast du den Fehler gefunden?

OLIVER (sarkastisch)
Hallo. Na, das ist ja eine Überraschung.
(Er steckt den Kopf wieder ins Auto)

WALTER
Deine Mutter hat mir gesagt, wo du steckst. Ist bestimmt die Lichtmaschine. Kann ich helfen?

OLIVER
Ja, ehrlich gesagt schon. Geh mir aus der Sonne.

WALTER
Was ist dein Problem?

OLIVER
Du bist mein Problem. Meine Mutter und ich sind sehr gut ohne dich klargekommen und jetzt glaubst du, du müsstest ihr Erziehungsnachhilfe geben.

WALTER (empört)
Du hast auf diesen Jungen mit einer Flasche eingeschlagen.

OLIVER
Ja, das habe ich und weißt du, warum?! Nein! Denn du hast dir ja deine Meinung bereits gebildet. Der Typ hat Mike angegriffen und hätte ihn fast totgeschlagen.

WALTER
Aber das ist doch kein Grund …

OLIVER (ungehalten)
Doch, das ist einer! Mike ist mein Freund. Er war für mich da, als wir … als ich ihn brauchte, und ich würde immer und überall hinter ihm stehen und wenn es sein muss … stell ich mich auch vor ihn.

WALTER (streng)
Deine Mutter macht sich jedenfalls Sorgen. Mir ist es scheißegal, ob du im Knast landest oder auf der Straße, aber wenn du weiter deine Mutter in Aufregung versetzt …

OLIVER (stellt sich vor Walter)
Was dann?! Willst du mir eine reinhauen?! Na, komm – dann mach, alter Mann!

WALTER (verunsichert)
Pass bloß auf, Oliver – ich sitz am längeren Hebel, vergiss das nicht!

Walter dreht sich um und geht.

OLIVER
Das werden wir ja sehen! Außerdem: Es ist die Antriebswelle, Arschloch …

[Blende aus]

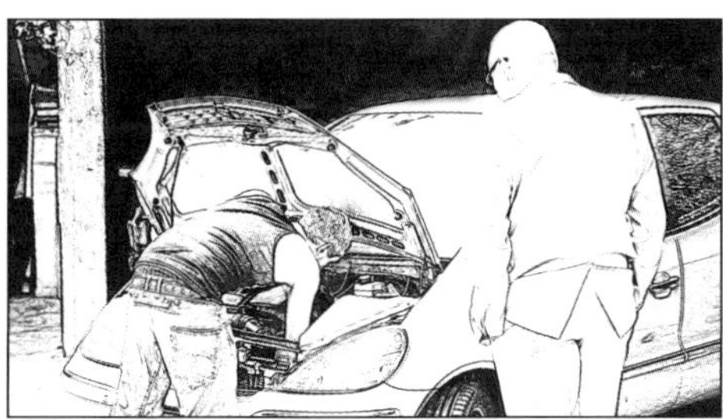

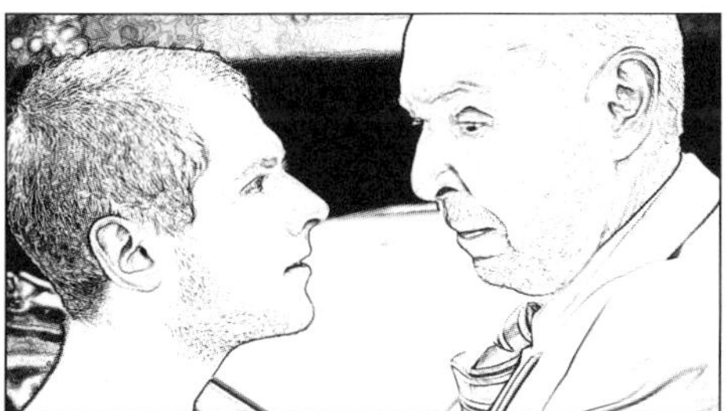

Kinodrama

Ideenklau

Hauptrolle // 22-35 Jahre „Designer“ / energiegeladen / loyal
Anspielpartner // 28-45 Jahre „desinteressierte Businessfrau“

Emotionalität/Bruch	entsetzt / sauer / enttäuscht
Licht	Tageslicht
Spielort	vor einem Bürogebäude
Kostüm	Anzug
Mögliches Geheimnis	1. Finn hat die Idee selbst geklaut. 2. Finn ist in Sophie verliebt.

VOR EINEM BÜROGEBÄUDE / AUSSEN – TAG
SOPHIE, in einem Kostüm, kommt aus einem schicken Bürogebäude. FINN läuft hinter ihr her. Er hat eine große Zeichenmappe in der Hand.

FINN
Hey! Hey – wart mal.

SOPHIE (dreht sich genervt um)
Was ist?

FINN
Was soll der Mist? Wolltest du mich da drinnen fertig machen?

SOPHIE
Was redest du?

FINN
Die Kollektion war meine Idee. Ich hab die Zeichnungen gemacht, ich hab die Stoffe ausgesucht … ich …

SOPHIE
Ja, aber ich hatte die Kontakte.

FINN
So einfach ist das?

SOPHIE

Mann, Finn, das ist nichts Persönliches.

FINN

Wir arbeiten seit … wie lange?! … acht Jahren zusammen?! Und wegen dieser Sache riskierst du unsere Freundschaft?!

SOPHIE

Welche Freundschaft? Finn, wir sind Kollegen. Ich schätze deine Arbeit.

FINN

Das hab ich gemerkt. So sehr, dass du diese zu deiner machst. Das hätte ich nicht von dir erwartet und so einfach werd ich's dir auch nicht machen. Das ist meine Kollektion und die gebe ich nicht einfach auf. Vor allem nicht für dich und deine Karriere ... Mach's gut.

Finn geht.

[Blende aus]

Kinofamilienfilm

Klassenfahrt

Hauptrolle // 28-55 Jahre „Lehrer“ / engagiert / kinderlieb / etwas nerdig / charmant
Anspielpartner // 8-12 Jahre „Schüler/in“

Emotionalität/Bruch	verständnisvoll / zu emotional / gestresst / aggressiv
Licht	Tageslicht
Spielort	in einer Schule
Kostüm	Jeans, T-Shirt, Sportschuhe
Mögliches Geheimnis	1. Paul hat eine Affäre mit Luises Mutter. 2. Paul hasst Kinder.

KLASSENZIMMER / INNEN – TAG
PAUL steht am Lehrerpult und räumt seine Tasche ein. Alle Kinder haben das Zimmer bereits verlassen. Außer LUISE. Sie sitzt mit gesenktem Kopf an ihrem Platz. Paul sieht auf und geht zu ihr rüber.

PAUL
Warum bist Du noch da?

Luise sitzt mit gesenktem Kopf da.

PAUL
Es ist wegen der Klassenfahrt, oder?

LUISE
Mein Vater will nicht unterschreiben.

PAUL
Und was ist mit der Mama?

LUISE (traurig)
Die schläft die ganze Zeit.

PAUL
Soll ich mal mit deinem Vater sprechen.

LUISE (hocherfreut)
Würden Sie? Das wäre ganz toll.

PAUL
Ich kann dir aber nix versprechen.

LUISE
Ich weiß.

PAUL
Gut, dann ruf ich heute Abend bei euch an.

LUISE (steht auf)
Aber nicht vergessen.

PAUL (streng)
Wie du des Öfteren Deine Hausaufgaben?

Luise schaut etwas beschämt – dann grinst Paul.

PAUL
Na, mach schon, dass du nach Hause kommst.

Luise nimmt ihre Tasche und läuft freudig aus dem Zimmer. Paul schüttelt liebevoll den Kopf. Pauls Handy klingelt. Er schaut drauf und verdreht die Augen.

PAUL (aggressiv)
Was denn jetzt noch?! DU hast doch gesagt, wir sprechen nur noch über die Anwälte. Ahh – klar – du willst was. Nein, danke. Wir müssen hier gar nicht weiter diskutieren. Die Kinder fahren am Freitag mit mir und damit basta.

Paul verlässt telefonierend den Klassenraum.

Das kannst du nicht machen ...

[Blende aus]

Drama / Serie

Kollegen

Hauptrolle // 35-50 Jahre „Manager" / freundlich / professionell / humorvoll / clever / kalt / aggressiv
1. Anspielpartner // 28-40 Jahre „Drogendealer"
2. Anspielpartner // 25-45 Jahre „Kollege"
Komparsen // „schöne Frau", Kollegen

Emotionalität/Bruch	gelassen wird zu nervös / entspannt wird zu aggressiv
Licht	Tageslicht
Spielort	vor dem Büro
Kostüm	Anzug
Mögliches Geheimnis	1. Herr Clasen ist heroinsüchtig. 2. Herr Clasen hat Halluzinationen.

BÜROGEBÄUDE / AUSSEN – TAG
HERR CLASEN kommt mit zwei Kollegen aus dem Bürogebäude, alle im Anzug, sie lachen und unterhalten sich. Dann stellen sie sich vor die Eingangstür und rauchen.

KOLLEGE
Aber wie soll man das denn auch machen?!

HERR CLASEN (lacht)
Ja, ein Mann muss die Dinge halt mit Leichtigkeit nehmen.

KOLLEGE
Da haben Sie wohl recht, Herr Clasen … aber nicht jeder kann das.

HERR CLASEN
Richtig erkannt, Herr Meyer, aber wir sind ja auch nur Menschen.
(lächelt etwas überheblich)

Das Handy von Herrn Clasen klingelt, er geht ran.

HERR CLASEN
Clasen, Hallo.
Guten Tag, Herr Rügens.

Eine attraktive Frau kommt in Richtung Eingang, Herr Clasen öffnet ihr charmant lächelnd die Tür und starrt ihr nach.

Natürlich.
Aber selbstverständlich.
Nächste Woche nehme ich mir die Zeit für Sie.

Die Kollegen lachen, und Herr Clasen genießt ihre Aufmerksamkeit. Hinter ihm steuert ein ungepflegter, relativ junger Mann direkt auf ihn zu.

HERR CLASEN
Gut ... (er sieht ihn) ... (wird nervös) Dann verbleiben wir so.

JUNGER MANN (wirkt angetrunken)
Ich brauche Geld. Ganz dringend.

Herr Clasen bleibt mit dem Blick bei seinem Handy. Die Kollegen wenden sich, ihn (den jungen Mann) belächelnd, ab.

(zu Herrn Clasen) Komm schon, Mann! Du kriegst es ja zurück. (wird lauter)

KOLLEGE
Sie verwechseln ihn wohl. Jetzt gehen Sie endlich. Hier gibts nichts!

JUNGER MANN (zu Herrn Clasen)
Ah, verstehe – hier mit deinen feinen Kollegen is es dir peinlich. (schreit) Is mir scheißegal!

HERR CLASEN
Jetzt beruhigen Sie sich mal.

Clasen tritt aus dem Kreis und zieht den jungen Mann weg.

HERR CLASEN (zischend)
Beim nächsten Mal. Gut?

JUNGER MANN (laut)
Nein, nix beim nächsten Mal, jetzt!

HERR CLASEN (zu seinen Kollegen)
Ich begleite den Herrn mal an die nächste Ecke.

KOLLEGE
Kommen Sie, Clasen, der wird seinen Weg schon finden.

JUNGER MANN
Jetzt gib mir schon das Geld.
Dann verschwind' ich auch gleich wieder.

HERR CLASEN
Leichtigkeit, meine Herren.
Leichtigkeit.

(zu seinen Kollegen)
Gehen Sie ruhig schon vor, ich komme dann gleich.

(zu dem Mann)
Dann kommen Sie mit, mal sehen, was wir da für Sie finden können.

Clasen greift ihm an die Schulter und geht mit ihm in Richtung Straße.

JUNGER MANN
Danke Mann. Echt nett von dir, ich bin gerade total ausgebrannt, aber das bekommst du wieder. Ich ruf' dich an, wenn ich neues Zeug hab.

Clasen blickt noch kurz zu seinen Kollegen und gibt ein Zeichen (alles in Ordnung). Seine Hand krallt sich immer fester in die Schulter des Mannes. Sie gehen um die Ecke.

JUNGER MANN
Au, das tut weh, verdammt.

Herr Clasen drückt ihn an die Wand und würgt ihn am Hals.

HERR CLASEN
Du hirnloses Arschloch, wenn du noch ein einziges Mal hier auftauchst,
dann bringe ich dich um!

[Blende aus]

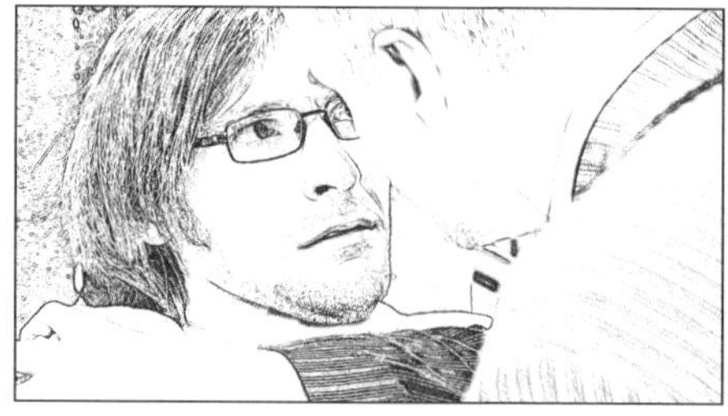

Drama / Serie

Schusswechsel

Hauptrolle // 35-50 Jahre „Polizist“ / ehrgeizig / verschlossen / großes Herz
1. Anspielpartner // 28-40 Jahre „Therapeutin“

Emotionalität/Bruch	gelassen wird zu nervös / cool wird zu emotional
Licht	Tageslicht
Spielort	Sprechzimmer
Kostüm	legere, sportliche Kleidung / grau/grün/schwarz
Mögliches Geheimnis	1. Eric ist ein Rassist. 2. Eric ist selbst Flüchtling.

PRAXISRAUM / INNEN – TAG
LUISA und ERIC sitzen sich gegenüber. Eric hat den Blick gesenkt und scheint zu warten. Als nichts passiert, steht er auf und geht unruhig im Raum herum.

ERIC
Müssten Sie nicht was sagen?

LUISA
Naja – ich hatte gehofft, dass von Ihnen etwas kommt.

ERIC
Ich bin nur hier, weil mein Chef gesagt hat, ich muss.

LUISA
Und Sie denken, es wäre nicht nötig?

ERIC
So ist es. Wir könnten das meinetwegen gern abkürzen. Sie schreiben Ihre Stunden auf, ich schau mir ein paar YouTube-Weisheiten an und wir erzählens niemandem.

LUISA
Oder, wenn Sie schon mal hier sind, könnten Sie mir verraten, wie es Ihnen geht.

ERIC
Mir geht es prima. Das ist doch der Punkt. Ich habe keine Posttraumatische Belastungsstörung.

Luisa schaut Eric interessiert an, ohne was zu sagen.

Gut, ich hab in letzter Zeit ein paar Einschlafprobleme. Das hat doch jeder mal. Ich trink zu viel Kaffee – das ist alles.

LUISA (blättert in ihren Unterlagen)
Sie haben letzte Woche Firmenmobiliar beschädigt?

ERIC
Das war ein scheiß „Snacky-Macky"-Automat, den muss man treten, sonst kommt einfach nichts raus.

Luisa schaut ihn weiter an. Eric setzt sich wieder.

Hören Sie zu – ich hab einen Mann erschossen. Das passiert. Berufsrisiko.
Ich dachte, er würde nach einer Waffe greifen.
Das Licht war nicht sehr gut. Und ich hab ihn nicht verstanden.

LUISA (schaut auf ihre Notizen)
Der Mann kam aus Eritrea?

ERIC
Er wollte nur das Foto seiner Familie aus der Tasche holen. Wohl, um mir zu erklären, dass er geflüchtet war und sie zurücklassen musste. Er war erst vor ein paar Tagen illegal eingereist und hatte sich im Gebäude einen Schlafplatz gesucht.

LUISA
Er hatte nichts mit dem Deal zu tun?

ERIC (schüttelt langsam den Kopf, ohne den Blick abzuwenden)
Er hatte vier Kinder.

[Blende aus]

Kinodrama

Vaterliebe

Hauptrolle // 22-35 Jahre „Sohn“ / freundlich / clever / ehrgeizig / sympathisch
Anspielpartner // 40-70 Jahre „Vater“

Emotionalität/Bruch	gestresst wird zu entspannt / streng wird zu liebevoll
Licht	Tageslicht
Spielort	im Auto
Kostüm	Anzug / feiner Pullover / Hemd
Mögliches Geheimnis	1. Niko ist von seinem Vater misshandelt worden. 2. Niko ist dabei, die Firma des Vaters in den Ruin zu treiben.

AUTO / AUSSEN - TAG
NIKO sitzt am Steuer, sein Vater BERND auf dem Beifahrersitz. Niko hat ein Headset im Ohr.

NIKO (ins Telefon)
Das sind die Zahlen von 2008. Ich brauch aber alle ... Ja.
Kein Problem. Bis dann.
(zu Bernd)
... Papa, jetzt mach es mir doch nicht so schwer. Wenn es eine andere Möglichkeit gäbe ...

BERND
Du willst mich nur loswerden.

NIKO
Du weißt, dass das nicht stimmt.
Aber ich muss Geld verdienen.

BERND
Hörst du dich eigentlich selbst reden, Junge?!

NIKO
Das ist unfair. Ich habe wirklich überlegt, was ... (das Handy klingelt)
Moment. (ins Handy) Ja? Gut ... aber wir haben nur bis 16 Uhr Zeit. Nein, das geht nicht.
Nein, weil ich schon mit ihnen gesprochen hab. Gut, dann machen Sie das. Ja. (legt auf)
(zu Bernd) Entschuldigung, wo waren wir?

BERND
Wenn deine Mutter noch da wäre ...

NIKO (wütend)
Aber das ist sie nicht und sie kommt auch nicht wieder.

BERND
Sie hätte mich nie verlassen.

NIKO (streng)
Aber das hat sie! Papa, ich kann mich nicht kümmern! Und ich hab jetzt auch keine Zeit mehr zu diskutieren ... (liebevoll) Es tut mir leid, ich weiß, dass du immer in deinem Haus bleiben wolltest ...

BERND
Ich hab es mit meinen eigenen Händen gebaut.

NIKO (erschöpft)
Ich weiß, Papa.

BERND
Weißt du noch, als wir das Dach neu gedeckt haben und du die Katze in den Flaschenzug gesteckt hast ... (schmunzelt)

NIKO
Natürlich.

BERND
Du warst noch so klein ... (überlegt)
Kommst du denn mal?

NIKO (starrt ins Leere)
Hm? Ach, du meinst ... natürlich komm ich dich besuchen, Papa.
Und Nike wird auch kommen. Wir sind eine Familie und ...
(Handy klingelt – Niko nimmt das Headset ab und schaut seinen Vater an)
Eine Familie.

BERND
Okay.

[Blende aus]

Action / Krimi

Der Deal // Eisenbahnbrücke // Komplizen // Unter Verdacht // Zeuge in der Werkstatt

TV-Krimi / Soap

Der Deal

Hauptrolle // 25-40 Jahre „Kleinkrimineller“ / unsicher / nervös / clever / devot
Anspielpartner // 35-50 Jahre „Mafiaboss“ / Anzugträger / erbarmungslos

Emotionalität/Bruch	nervös wird zu wütend / aggressiv
Licht	Tageslicht
Spielort	im Park / auf einer Parkbank
Kostüm	Jeans, beschädigtes T-Shirt, zu große Jeansjacke, ausgetragene Sportschuhe
Mögliches Geheimnis	1. Sven ist paranoid. 2. Sven hat Migräne.

IM PARK / AUSSEN – TAG
SVEN sitzt auf einer Parkbank. Er blickt sich nervös immer wieder um. Plötzlich setzt sich ein Anzugträger neben ihn auf die Bank. Sven schaut ihn erschrocken und unsicher an. Der Anzugträger klappt seine Zeitung auf und beginnt zu lesen.

ANZUG
Rene sagt, du hättest was für mich.

SVEN (nervös)
Bist du Markus?!

ANZUG
Nicht so laut, Kleiner. Also, hast du's dabei?

SVEN
Ja.

ANZUG
Na, dann gib's mir.

SVEN
Zuerst die Kohle.

ANZUG (gelassen)
Rene sagt, du wärst clever. Aber das scheint nicht so.

SVEN (steht auf)
Jetzt hör mal zu! Ich hab Rene gesagt, ich will erst die Kohle, sonst bekommt ihr von mir gar nichts. Schließlich gibt es noch andere Anzugträger, die Interesse an meinem Mitbringsel hätten. Und irgendwas sagt mir, dass du dann nicht mehr so viel zu grinsen hast.

ANZUG
Setz dich.

Sven setzt sich.
Der Anzugträger nähert sich Sven. Plötzlich packt er ihn am Kragen. Sven würgt.

ANZUG
Jetzt hörst du mir mal zu, du kleiner mieser Junkie. Ein Anruf bei der Polizei und du bist weg vom Fenster. Was würde wohl deine Kleine dazu sagen?

Sven schaut ihn erschrocken an und reißt sich los.

SVEN
Lass mein Mädchen aus dem Spiel.
Okay, hier hast du's. Jetzt gib mir die Kohle.

Der Anzugträger nimmt einen Briefumschlag an sich. Zieht selbst einen Umschlag raus, gibt ihn Sven und steht auf.

ANZUG
Na – dann – einen schönen Tag noch.

SVEN (mit zitternder Stimme)
Und sag Rene, ich werde tun, worum er mich gebeten hat.

Der Anzugträger geht. Sven bleibt mit bitterer Miene zurück.

[Blende aus]

TV-Krimi / Action

Eisenbahnbrücke

1. Hauptrolle // 20-50 Jahre „Polizist“ / freundlich / professionell / mutig / taff / clever
2. Hauptrolle // 20-50 Jahre „Verbrecher“ / hektisch / unsicher / genervt

Emotionalität/Bruch	1. Jonas: hektisch wird zu flehend 2. Noah: befehlend wird zu ruhig wird zu drohend
Licht	Tageslicht
Spielort	auf einer Eisenbahnbrücke
Kostüm	Jeans, dunkle Kleidung, Lederjacke
Mögliches Geheimnis	1. Noah ist korrupt. 2. Jonas wurde erpresst.

AUF EINER EISENBAHNBRÜCKE / AUSSEN – TAG
NOAH, Polizist, rennt hinter einem Verdächtigen her.

NOAH
Polizei! Stehen bleiben!
Hey!

Jonas rennt einfach weiter. Als er an einer jungen Frau vorbei kommt, bleibt er stehen und nimmt sie in den Würgegriff. Er hält ihr ein Messer an den Hals. Noah bremst ab. Er richtet die Pistole auf ihn.

JONAS
Ich schwöre, ich bringe sie um.

NOAH (nimmt langsam die Knarre runter)
Ganz ruhig. Ich will mich ja nur unterhalten.

JONAS
Erzähl kein Scheiß, Mann! Hau ab.

NOAH
Das kann ich nicht!

JONAS
Dann töte ich sie.

NOAH
Lass die Frau gehen. Sie hat damit nichts zu tun.

JONAS
Leg die Waffe hin.

NOAH
Okay, dann lässt du sie gehen.

Noah legt die Pistole auf den Boden und schiebt sie zu Jonas. Im selben Augenblick lässt er die Frau los. Diese flüchtet sich in Noah Arme. Im selben Moment rennt Jonas wieder davon. Noah verfolgt ihn und wirft ihn auf den Boden.

NOAH
So, jetzt reicht's. Wo ist der Junge?!

JONAS
Ich weiß es nicht.

NOAH
Verarsch mich nicht. Ich will wissen, wo er ist und du wirst es mir sagen, sonst wirst du deines Lebens nicht mehr froh, das schwöre ich dir!

JONAS (unter Schmerzen)
In der alten Lagerhalle.

NOAH
Wo?

JONAS
Direkt am Hafen.

NOAH
Und wehe, er lebt nicht mehr!

[Blende aus]

Drama / Familie / TV-Krimi

Komplizen

1. Hauptrolle // 20-55 Jahre „Loser“ / nervös / unsicher / naiv
2. Hauptrolle // 20-55 Jahre „Polizist“ / cool / korrupt / clever

Emotionalität/Bruch	1. Liam: abwehrend wird zu cool
	2. Aaron: wütend / drohend wird zu erleichtert
Licht	Tageslicht
Spielort	auf der Straße
Kostüm	1. Liam: Jeans, T-Shirt, Kapuzenjacke, dunkle Farben
	2. Aaron: Polizeiuniform / dunkle Kleidung / Lederjacke
Mögliches Geheimnis	1. Liam blufft, er hat das Zeug nicht.
	2. Aaron will Liam auflaufen lassen und hat schon seine Kollegen bestellt, damit die ihn verhaften.

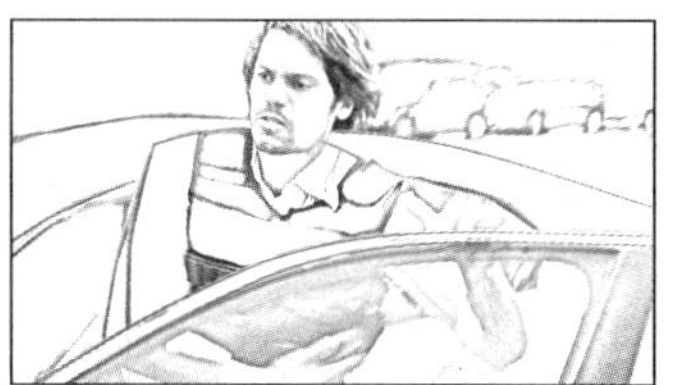
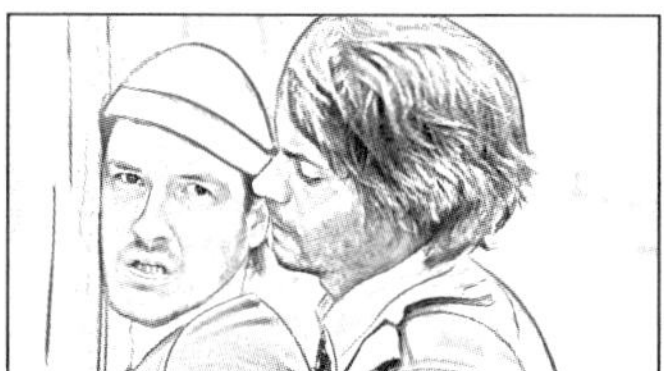
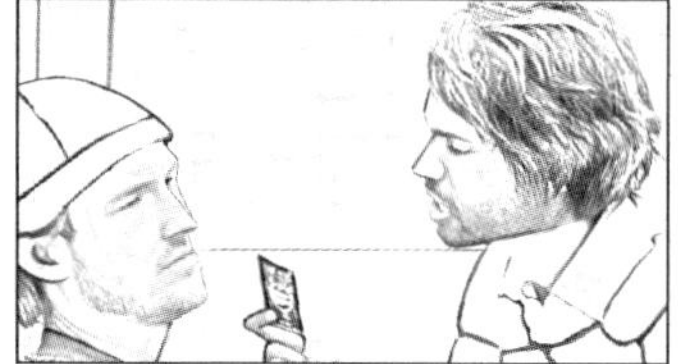

STRASSE / AUSSEN - TAG
LIAM läuft eine Straße entlang. Er wird von AARON verfolgt.

AARON (zückt seine Waffe und ruft)
Stehenbleiben!

Martin holt Liam kurz vor einer Straßenecke ein und drückt ihn gegen die Wand.

AARON
So, mein Freund - jetzt reicht's.

LIAM (wehrt sich heftig)
Was soll der Quatsch?! Lass mich los!

AARON (nach einem Blick links und rechts)
Sag mal, hast du sie noch alle?! Bist du völlig verblödet?!

Wie kannst du es wagen, hier aufzutauchen?!
Meine Kollegen sind bald da. Was willst du denen sagen?!

LIAM (ironisch)
Ohh – deine Kollegen ...

AARON (drückt ihn noch stärker gegen die Wand)
Verarsch mich nicht. Wenn die rausfinden, dass ich da mit drinstecke – verliere ich alles. Und du landest wieder im Knast.

LIAM
Ist ja gut. Jetzt lass mich los.

Aaron lockert seinen Griff und schaut sich nervös um. Er steckt seine Waffe ein.

LIAM
Ich hab meine Bahncard in der Scheißbude verloren. Ich wollt sie nur holen ...

AARON
Mann, sag das doch. (holt die Karte aus seiner Tasche) Hast du ein Glück. Amateur!

LIAM (steckt die Karte ein)
Ja, ja – ist ja gut.

AARON
Hat denn sonst alles geklappt?

LIAM
Ja, sicher. Alles easy. Hab das Zeug an unseren Platz gebracht.

AARON
Na gut. Dann hau ab! Wir sehen uns bei dir in ein paar Stunden.

Aaron dreht sich um und geht wieder um die Ecke. Liam rennt weg.

[Blende aus]

TV-Krimi

Unter Verdacht

Hauptrolle // 22-60 Jahre „Außenseiter“ / freundlich / unverstanden / bodenständig
Anspielpartner // 22-60 Jahre „Kommissar/in“

Emotionalität/Bruch	traurig / missverstanden / abweisend wird zu ungehalten
Licht	Tageslicht
Spielort	Hof
Kostüm	Blaumann, landwirtschaftliche Arbeitskleidung
Mögliches Geheimnis	1. Elias ist der Mörder. 2. Elias ist Autist.

IM HOF / AUSSEN - TAG
ELIAS steht an der offenen Scheune und fegt. Kühe stehen in den Stallungen und mampfen genüsslich Heu. LILI fährt auf den Hof. Sie steigt aus und geht auf Elias zu. Der schaut nur kurz auf.

LILI
Kann ich mit Ihnen reden?

ELIAS
Wir hatten doch schon das Vergnügen.

LILI
Hören Sie, ich muss wirklich mit Ihnen sprechen.
Können wir uns irgendwo in Ruhe unterhalten?

ELIAS
Ruhe haben wir hier satt, oder glauben Sie die Tiere hören Ihnen was weg?!

LILI
Sie kannten Clarissa.

ELIAS
Nicht gut.

LILI
Aber Sie mochten sie.

ELIAS
Und wenn schon.

LILI
Warum haben Sie sie angerufen.

ELIAS
Nur so?

LILI
Herr Brüning. Sie stehen unter Verdacht!

ELIAS
Wissen Sie was?! Das ist mir scheißegal.
Ja, ich mochte Clarissa. Jeder weiß das. Aber sie hatte kein Interesse an mir.
Ende der Geschichte. Es gibt viele im Dorf, die Grund hatten, ihr weh zu tun.

LILI
Weshalb?

ELIAS
Weil eben ... weil sie war, wie sie war.

LILI
Das ist keine Antwort.

ELIAS
Was wollen Sie von mir?! ... Ich habe sie angerufen – ja. Ich wollte ihre Stimme hörn ...
ich wollte ... ich hätte ihr nie was getan.

LILI
Wer dann?

ELIAS
Keine Ahnung. Fragen Sie jemand anderes. Ich hab Ihnen nichts mehr zu sagen.

Elias geht.

[Blende aus]

Drama / Krimi

Zeuge in der Werkstatt

Hauptrolle // 17-25 Jahre „KFZ-Mechatroniker“ / freundlich / kriminell / naiv
Anspielpartner // 35-65 Jahre „Polizist“

Emotionalität/Bruch	entspannt wird zu nervös / hektisch / ungehalten
Licht	Tageslicht
Spielort	Werkstatt
Kostüm	Blaumann / Mechaniker-Arbeitskleidung
Mögliches Geheimnis	1. Sascha hat die Taschen voller Drogen. 2. Saschas Mutter war an dem Abend nicht zu Hause.

GARAGE OFFEN / INNEN - TAG
Eine Autowerkstatt. SASCHA schraubt gerade an einem Auto, welches auf der Hebebühne steht. ALEXANDER kommt auf ihn zu.

ALEX (deutet auf das Auto)
So einen hatte ich auch mal.

SASCHA
Aha ... Ist nicht die beste Wahl. An denen ist immer was kaputt.

ALEX
Tja, das hab ich gemerkt ...

SASCHA (irritiert, dass Alex immer noch da steht)
Anmelden müssen Sie sich drinnen.

ALEX
Danke, aber ich wollte eigentlich zu Ihnen. (zeigt seine Polizeimarke)

SASCHA (plötzlich verunsichert)
Aha ... ja ... äh ... was ... um was geht's. Wegen dem Marco? Ich hab doch schon meine Aussage gemacht und ... mehr kann ich dazu nicht sagen ...

ALEX
Ja, das stimmt. Aber eine Sache ist mir immer noch nicht klar ...

SASCHA
Was denn?

ALEX
Wir haben Marcos Handy gefunden.

SASCHA
Ja, und?!

ALEX
Das letzte Signal wurde um 3:44 Uhr von deiner Adresse aus gesendet.

SASCHA
Wie soll das möglich sein?

ALEX
Tja, das frage ich dich.

SASCHA (schaut sich unsicher um)
Entschuldigung. Aber ich muss jetzt arbeiten ...

ALEX
Du musst mir mir sprechen, Sascha.

SASCHA (wird immer nervöser)
Was wollen Sie denn?! Ich war am Montag den ganzen Abend zu Hause und hab gezockt. Sie können meine Mutter fragen. Die wird Ihnen dasselbe sagen.

ALEX
Du warst da ... (Alex zeigt Sascha ein Foto.)

Sascha starrt auf den Screenshot einer Überwachungskamera.

ALEX
Ich muss dich mitnehmen.

SASCHA (überlegt kurz)
Gut. Ich hol nur noch meine Sachen.

Sascha dreht sich um, auf einmal sprintet er los. Alex folgt ihm.

[Blende aus]

Komödie / Comedy

An der Bushaltestelle // Beziehungsweise // Alles unter Kontrolle // Der Schweigetag // Der Straßenmusikant // Elefantenjagd // Im Hasenkostüm // Modeprofi // Reboot // Taxi

Kinokomödie / Comedy

An der Bushaltestelle

Hauptrolle // 20-65 Jahre „Nervensäge“ / freundlich / hartnäckig
Anspielpartner // 25-60 Jahre „Anzugträger“

Emotionalität/Bruch	gelangweilt wird zu redselig
Licht	Tageslicht
Spielort	an einer Bushaltestelle
Kostüm	farbenfroher Anzug in der falschen Größe, Turnschuhe
Mögliches Geheimnis	1. Klaus glaubt, er wäre Elvis Presley. 2. Klaus hat eine juckende Stelle am Rücken.

AN EINER BUSHALTESTELLE / AUSSEN - TAG
Ein ANZUGTRÄGER sitzt auf der Bank. KLAUS, ebenfalls im Anzug, setzt sich dazu. Er wirkt sehr ungeduldig und gleichzeitig auch gelangweilt.

KLAUS
Entschuldigung, können Sie mir sagen, wie spät es ist?

ANZUGTRÄGER
Gleich halb 9.

KLAUS
Danke.
Warten Sie schon lang?

ANZUGTRÄGER
Nicht besonders.

KLAUS
Entschuldigen Sie, aber kenn ich Sie nicht irgendwoher?

ANZUGTRÄGER
Ich denke nicht.

KLAUS
Aber sicher - Sie sind doch dieser Verschwörungstheoretiker.

Ja, klar! Der YouTube-Kanal: „Wahrheit – Faustdick!"

ANZUGTRÄGER (genervt)
Ich denke, Sie irren sich.

KLAUS (flüstert)
Keine Sorge, ich bin nicht vom Verfassungsschutz. Die haben Jungs wie euch ja jetzt im Auge. Keine einfache Zeit für Querdenker, hä?!

ANZUGTRÄGER
Aber ich hab damit nichts zu tun.

KLAUS (verschwörerisch)
Hey! Ich bin auf deiner Seite, Mann! Die da oben wollen uns ganz klar aussaugen. Uns dezimieren mit Impfstoffen, die unser Genmaterial manipulieren. Das macht Sinn!

ANZUGTRÄGER
Wovon sprechen Sie überhaupt?!

KLAUS (wird laut)
Herrgott noch mal. Jetzt akzeptieren Sie doch einfach, dass ich Sie kenne!

ANZUGTRÄGER (lauter)
ABER SIE KENNEN MICH NICHT!!!

KLAUS (abrupt freundlich)
Gut, wie Sie wollen!

Der Anzugträger versucht, wieder Fassung zu erlangen.

KLAUS (ganz freundlich)
Ist doch keine Schande, bei „Wahrheit – Faustdick" zu moderieren!
Aber wenn Ihnen das peinlich ist – ich erzähl es nicht weiter.
(fröhlich) Oh, der Bus kommt.

[Blende aus]

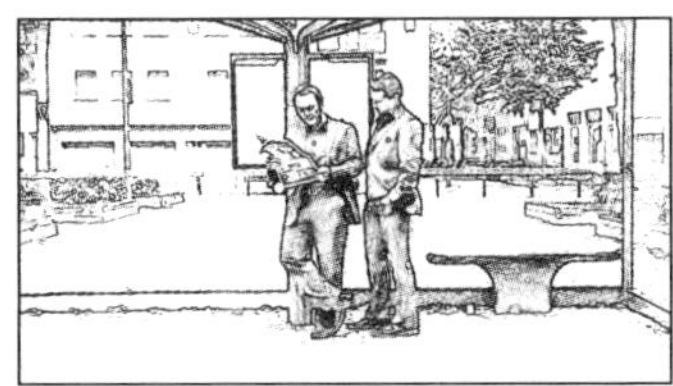

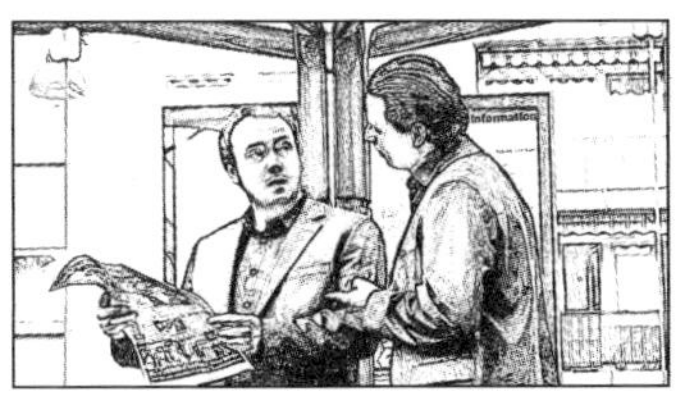

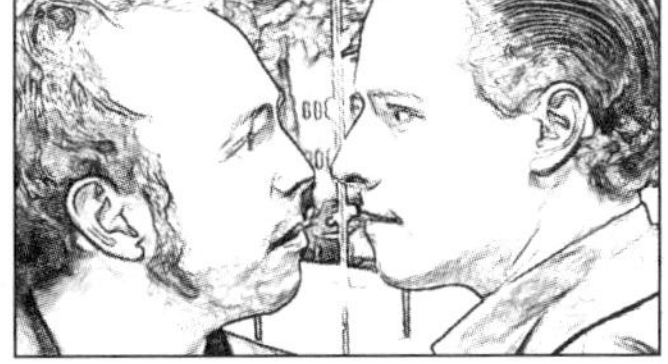

TV-Comedy

Beziehungsweise

Hauptrolle // 20-35 Jahre „der Nette" / freundlich / unsicher / humorvoll
Anspielpartner // 20-35 Jahre „die Umweltbewusste"

Emotionalität/Bruch	nervös wird zu sicher wird zu verlegen
Licht	Kunstlicht
Spielort	Wohnung / Wohnzimmer
Kostüm	helles Hemd, darüber dunkler Pullover
Mögliches Geheimnis	1. Max hat Leonie am Tag zuvor bei McDonalds gesehen.
	2. Max ist seit der ersten Klasse in Leonie verliebt.

WOHNZIMMER / INNEN – TAG
Das erste Date. MAX sitzt auf einem Sofa. Er sieht ziemlich nervös aus. LEONIE kommt ins Zimmer. Sie hat zwei Gläser Wasser in der Hand und setzt sich zu Max.

LEONIE
Hier, ich hoffe du magst Wasser.

MAX (grinst Leonie an)
Ja klar. Schließlich bestehe ich zu 70 Prozent daraus. Wasser ist in allem, was gut ist: Kaffee, Wein, Bier!

LEONIE (ignoriert seinen Scherz)
Ich trinke ausschließlich Wasser, so wie es die Natur vorgesehen hat. Oder haben die Neandertaler Cola getrunken?!

Leonie lacht laut und macht merkwürdige Geräusche dabei. Max schaut verängstigt zu Leonie und trinkt einen Schluck Wasser. Es schmeckt seltsam.

MAX
Alles okay?

LEONIE
Ja, sicher.

MAX (sieht sich unsicher um)
Und du achtest also auf deine Ernährung.

LEONIE
Natürlich. Ich esse nur was mir die Natur vorgibt.

MAX
Hm?

LEONIE
Ich esse nur, was ich draußen finde. Das Wasser hab ich aus einem Bach – ganz in der Nähe geschöpft.

Max schaut angeekelt in sein Glas und stellt es auf den Tisch.

Und Du?

MAX
Oh, ich bin da ganz ähnlich. Nur, ich finde auch 'ne Menge bei Aldi oder bei McDonald's. (verschwörerisch) Ich sag dir, das ist 'ne richtige Goldgrube für Nahrungsmittel.

Max strahlt Leonie an und will ihr klar machen, dass er einen Scherz gemacht hat, die aber schaut ihn verständnislos an.

LEONIE (todernst)
Dir ist schon klar, dass McDonald's zu den drei größten Umweltsündern des 21. Jahrhunderts gehört?

MAX (fällt das Grinsen aus dem Gesicht)
Ja.

LEONIE
Gut.

Nach langer Schweigepause ...

MAX
Und was machst du sonst noch so?

[Blende aus]

Kinokomödie / TV-Comedy

Alles unter Kontrolle

Hauptrolle // 18-30 Jahre „der Verliebte“ / charmant / sensibel / clever / nerdig
Anspielpartnerin // 18-30 Jahre „der Schwarm“ / hübsch / humorvoll

Emotionalität/Bruch	genervt zu verliebt / Multitasking
Licht	Tages- oder Kunstlicht
Spielort	Handyladen
Kostüm	bedrucktes T-Shirt, Jeans, Brille
Mögliches Geheimnis	1. Tom muss ganz dringend auf die Toilette. 2. Vor dem Laden steht ein Typ, der Tom verprügeln will.

GESCHÄFT / INNEN – TAG
TOM sitzt hinter dem Tresen eines Handyladens und telefoniert. Der Laden scheint nicht gut besucht.

TOM (am Telefon/mit Headset / gelangweilt)
... Nein, über dem Bild von Trumps Frau.
Genau, da ist eine Überschrift und darüber?
Das sind Nachrichten, Mama, die wechseln. Das ist ganz egal, ob es Trump ist oder Corona – es geht nicht um die Nachricht, sondern DARÜBER kannst du dich in deine Mails einloggen.
Ja, damit du sie lesen kannst.

Die Ladentür öffnet sich und CLARA kommt herein. Sie lächelt Tom kurz an.

CLARA
Hi.

TOM (starrt sie an und lächelt verlegen)
Hi. Hi!

TOM (wieder genervt zu seiner Mutter)
Äh – ja – genau. Über der Überschrift steht ein Feld und darin steht „Benutzername“.
Da klickst du jetzt rein ... mit der Maus.

TOM (zu Clara)
Suchst du was Bestimmtes?
(zu seiner Mutter, ungehalten) Nein, nicht du! Ich weiß, was DU suchst.
Sorry (zu Clara)

CLARA
Ich brauch 'ne neue Hülle für das iPhone 11.

TOM (lächelt)
Die sind da drüben an der Wand.

(zu seiner Mutter, flüsternd) Hast Du deinen Benutzername reingeschrieben?
Gut und rechts daneben ist noch mal ein Feld – da steht „Passwort".
Da stehen Sterne drin. Gut! Dann ist es bereits gespeichert.
Nein – das ist nicht schlimm, Mama – das heißt nur, dass du schon mal eingeloggt warst.
Weißt du denn dein Passwort?! Eben! Dann ist es doch gut so.
Jetzt wein doch nicht. Du kriegst das schon hin.

CLARA (kommt mit einer Hülle zum Tresen)
Habt ihr die noch in Schwarz?

TOM
Leider nicht, aber ich kann schnell welche bestellen.

CLARA
Schon gut, ich denke Blau ist auch ok. (sie lächelt ihn an)

TOM (panisch zu seiner Mutter)
Nein! Nicht! ... auf das X klicken!

Clara erschrickt.

TOM (zu Clara)
Sorry, ich meinte ... egal. Ja, Blau ist 'ne schöne Farbe. 7,99 macht das.

Clara zahlt.

CLARA
Na, dann – vielleicht sehen wir uns mal.

TOM
Voll gern. Vielleicht am Wochenende?

TOM (zu seiner Mutter zischend)
Jetzt warte doch mal kurz, Mama – ich hab einen Kunden.

CLARA
Ähm – da hab ich leider schon was vor. Vielleicht nächstes Mal.
Ciao.

TOM (traurig)
Ciao.
(resigniert zu seiner Mutter) Also, wenn das Bild jetzt komplett blau ist und da wirklich gar nichts steht – dann ist er kaputt. Keine Chance.
Nein. Das war's – du kannst ihn entsorgen.

Tom nickt mit starrem Blick auf den Ausgang.

[Blende aus]

Kinokomödie / Comedy

Der Schweigetag

Hauptrolle // 25-55 Jahre „Nervensäge“ / freundlich / hartnäckig / unsensibel
Anspielpartner // 25-45 Jahre „Wanderer“

Emotionalität/Bruch	fröhlich / motiviert / freundlich
Licht	Tageslicht
Spielort	auf einem Wanderweg
Kostüm	farbenfroher Anzug in der falschen Größe, Turnschuhe
Mögliches Geheimnis	1. Milo soll Simon ausspionieren.
	2. Milo ist ein Serienkiller.

WANDERWEG / AUSSEN – TAG
SIMON wandert mit offenem Blick und einem Lächeln einen breiten Wanderweg entlang. Plötzlich schließt ein Mann auf. Es ist MILO. Simon fällt in sich zusammen. Beide haben vollbepackte Rucksäcke. Wäsche und Wanderschuhe baumeln am Rucksack.

MILO (fröhlich)
Martin! Da bist du ja! Du warst aber früh wach. Ich dachte wir brechen zusammen auf.

Simon zuckt die Schultern und schüttelt entschuldigend den Kopf.

MILO
Ah – du machst deinen Schweigetag. Verstehe. Ja, dann ist ja auch klar, warum du nicht gewartet hast. Du hättest dich beim Morgengruß wahrscheinlich schon verplappert.

Simon nickt zustimmend.

MILO
Wusstest du eigentlich ...

Simon schaut Milo irritiert an.

MILO
Ja, ich weiß ... psssst.
Nur noch das eine. Ich hab gelesen, dass die meisten Menschen Stille meiden und weißt du warum? Ich sags dir: Weil Lärm ablenkt (zieht die Augenbrauen hoch) von der

Selbstreflexion.
Verstehste? Die Menschen ertragen ihr eigenes Selbst nicht.
Erschreckend, oder? Kein Wunder, dass unsere Welt zugrunde geht bei soviel Ignoranz und Selbsthass ...

Milo und Simon gehen weiterhin schweigend nebeneinander her. Simon schaut gequält, während Milo selbstzufrieden grinst.

MILO
„Die größten Ereignisse — das sind nicht unsere lautesten, sondern unsere stillsten Stunden." (lächelt weise) Friedrich Wilhelm Nietzsche

MILO
Einfach mal schweigen - das tut so gut.
Die Stille ... sie ist ...

Plötzlich bleibt Simon stehen und schaut Milo genervt an.

MILO
Oh, ich verstehe. Du möchtest gern was dazu sagen, aber damit würdest du den Bann brechen. Kein Problem. Ich sollte dich nicht in Versuchung bringen. Ich gehe einfach ein bisschen vor.

Milos Schritt wird schneller.

MILO
Bis später.

Simon atmet erleichtert aus.
Plötzlich steht Milo wieder am Straßenrand und wartet auf Simon.

MILO
Tut mir leid, dass ich dich noch mal was fragen muss, aber ich glaube, wir sind hier falsch.

Die beiden stehen vor einem Gebüsch. Der Weg geht nicht mehr weiter. Simon dreht sich um. Ihm wird klar, dass sie die ganze Zeit in die falsche Richtung laufen.

[Blende aus]

Kinokomödie / TV-Comedy

Der Straßenmusikant

Hauptrolle // 14-20 Jahre „Dorfpolizist" / cool / Macho / eifrig
Anspielpartner // 45-60 Jahre „Straßenmusikant"

Emotionalität/Bruch	streng wird zu verschwörerisch wird zu verwundert
Licht	Tageslicht
Spielort	Straße
Kostüm	Polizeiuniform
Mögliches Geheimnis	1. Tom ist Stalker. 2. Tom stottert, wenn er an Frauen denkt.

IN DER FUSSGÄNGERZONE / AUSSEN – TAG
Ein Akkordeonspieler steht auf dem Fußweg und dudelt sein Lied herunter, als TOM, ein Polizist, um die Ecke biegt. Erschrocken rafft der Musikant seine Sachen zusammen und beginnt zu rennen. Tom folgt ihm und stellt ihn an der nächsten Ecke.

TOM (cool)
Na, mal wieder zu lange an der gleichen Stelle gespielt?
Zeig mir doch mal deine Genehmigung.

MUSIKANT (seine Taschen abklopfend)
Ich habe gerade erst angefangen ...

TOM (trocken)
... als du plötzlich dringend noch mal joggen gehen musstest, was?
Wo ist denn nun deine Genehmigung?

MUSIKANT
Äh ... also ... die muss ich vergessen haben.

TOM (förmlich)
... vergessen haben, zu beantragen, schon klar. (zückt einen Block) Das höre ich mir jetzt seit Wochen von dir an. Jeden Tag dasselbe ... ts, ts, ts.

MUSIKANT (dramatisch)
Bitte ... ich brauche doch Geld für meine Kinder ...

Der Polizist sieht ihn an und beginnt zu grinsen. Er hat einen Plan …

TOM (verschwörerisch)
Pass auf, wir regeln das unter uns. (er gibt ihm einen Zettel) Kennst du das Café?

Der Musikant sieht auf den Zettel und nickt eifrig.

TOM
Dann gehst du jetzt da hin und spielst so lange, bis ich dich dort wegschicke!

MUSIKANT (verwirrt)
Wieso?

TOM (strahlt)
Na, weil die Besitzerin sich gerade von ihrem Freund getrennt hat.

MUSIKANT (noch verwirrter)
Ja und?

TOM (schwärmerisch)
… und wahnsinnig gut aussieht.

MUSIKANT (versteht)
Ah, und ich soll für romantische Stimmung sorgen …

TOM
Was? Nein! Ich will sie kennenlernen. Du bist der schlechteste Straßenmusikant der Stadt, wenn du ihr lange genug die Ohren volldudelst, braucht sie MICH, um dich wieder loszuwerden. Kapiert?!

MUSIKANT (beleidigt)
Aber ich habe Musik studiert!

TOM (im Weggehen)
(verwundert) Echt? Das hört man nicht, keine Sorge. Bis später dann.

[Blende aus]

Kinokomödie / Telenovela

Elefantenjagd

Hauptrolle // 22-35 Jahre „Polizist" / taff / clever / eifrig
Anspielpartner // 25-40 Jahre „junge Polizistin"

Emotionalität/Bruch	angestrengt / nervös wird zu schäkernd
Licht	Tageslicht
Spielort	Straße
Kostüm	sportliche Kleidung, Turnschuhe, dunkle Farben
Mögliches Geheimnis	1. Mateo ist in Julia verliebt. 2. Mateo hat Heuschnupfen.

STRASSE / AUSSEN - TAG
MATEO rennt eine Straße entlang. Er biegt um eine Ecke und stößt mit seiner Kollegin JULIA zusammen.

MATEO
Wo ist er?!

JULIA
Keine Ahnung, du warst doch dran!

MATEO
Ja, aber ... Scheiße!

JULIA (fasst sich an die Schulter)
Aua ...

MATEO (blickt immer noch suchend)
Das kann doch wohl nicht wahr sein! Jetzt hat der uns schon wieder gelinkt.
Wie schwer kann es sein, einen Bekloppten in einem Elefantenkostüm zu kriegen?!
(blickt zu Julia)
Hast du dir wehgetan?

JULIA
Geht schon ... Irgendwie ... die Schulter ...

Mateo nimmt gekonnt Julias Arm und begutachtet ihn. Julia blickt zu Mateo und fängt an zu grinsen.

MATEO (bemerkt Julias Blick)
Was denn?

JULIA (versucht, das Lachen zu unterdrücken)
Nichts ...

MATEO
Du findest das lustig?

JULIA (prustet raus)
... wie das aussah! Du aus dem Gebüsch ... auf den Elefanten!

MATEO
Hey! Ich hätte ihn fast erwischt!

JULIA (lacht)
... und dann du mit dem Rüssel in der Hand ...

Mateo und Julia gehen langsam die Straße runter.

MATEO (verdreht die Augen)
Na gut, es ist witzig! Aber, wenn Kemper erfährt, dass er uns wieder entwischt ist ... so langsam wird's demütigend.

JULIA (fängt sich langsam wieder)
Ach, komm. Ein Elefant, der auf Spielplätzen rumlungert und Autos mit Erdnüssen bewirft ist nun nicht grad ein nationales Sicherheitsproblem.

MATEO (schmunzelt)
Weißt du, ob in den Erdnüssen nicht irgendwann mal Flüssigsprengstoff injiziert ist?! Außerdem hat mein Max erzählt, in der Schule planen sie eine „Freiheit für Dumbo"-Widerstandsgruppe. Hm, so! Wir müssen dem Unfug ein Ende machen!

JULIA
Jede Generation braucht ihre Helden ... (lacht wieder laut) Also, der Elefant gab heute jedenfalls 'ne bessere Figur ab, als du!

MATEO
HAHA! Wehe, du erzählst es jemandem ...

JULIA (kichert)
Höchstens dem Tierschutzverein ...

Mateo und Julia drehen sich um und gehen.

[Blende aus]

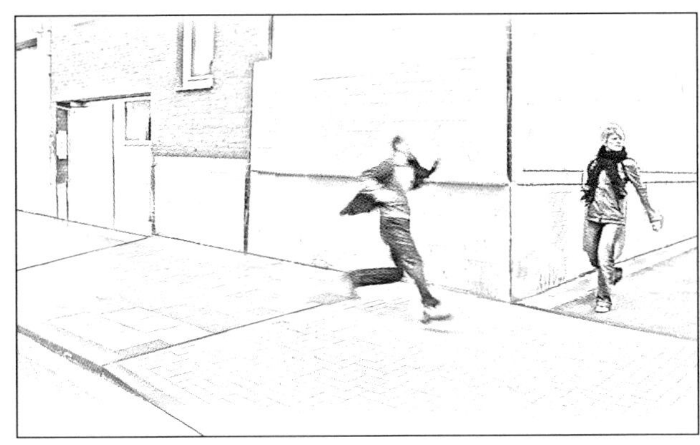

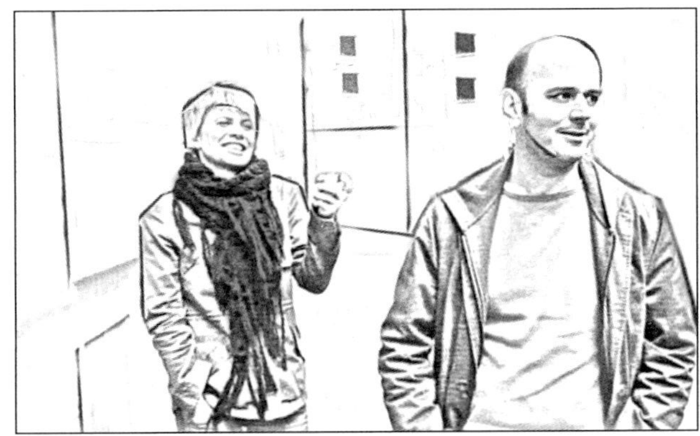

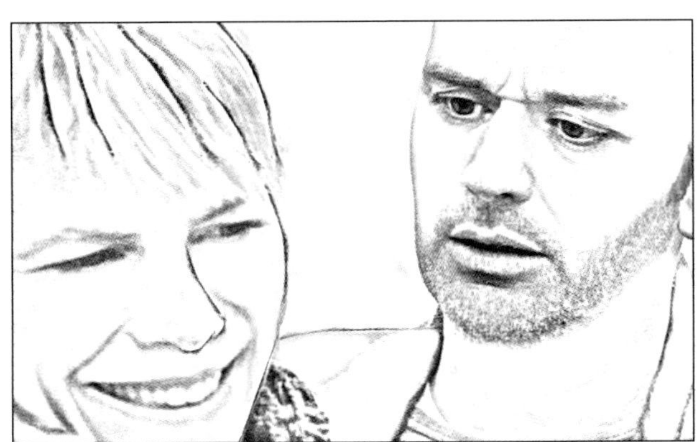

Kinokomödie / TV-Comedy

Im Hasenkostüm

Hauptrolle // 40-60 Jahre „Arzt in der Midlife-Crisis“ / freundlich / professionell / charmant
Anspielpartner // 22-50 Jahre „Sprechstundenhilfe“

Emotionalität/Bruch	unsicher wird zu erklärend wird zu verlegen
Licht	Tageslicht
Spielort	Arztzimmer
Kostüm	Arztkittel
Mögliches Geheimnis	1. Yannik ist in Sonja verliebt. 2. Yannik ist Undercoveragent und kein Arzt.

ARZTZIMMER / AUSSEN – TAG
Montagmorgen. Das Sprechzimmer von Dr. YANNIK Brenner. Er sitzt an seinem Schreibtisch, den Kopf auf die Hände gestützt und starrt bewegungslos auf einen Stapel Unterlagen vor sich. Dann reibt er sich angestrengt die Augen und lehnt sich gähnend in seinem Stuhl zurück. Mit einer lässigen Geste schiebt er den Papierkram von sich weg. Immer wieder wirft er einen nervösen Blick auf die Tür. Plötzlich öffnet sich diese. Yannik zuckt zusammen. EMILIA Reese, die Sprechstundenhilfe, tritt ein.

EMILIA
Wir sind dann im Labor soweit.

Emilia will gehen. Yannik hält sie auf.

YANNIK
Ja, äh, Danke. Frau Reese – Emilia – kann ich Sie ganz kurz mal sprechen?

Emilia schmunzelt fast unmerklich und stellt sich vor den Schreibtisch.

EMILIA
Ja?

YANNIK
Also, wegen Samstag ...

EMILIA
Ja?

YANNIK
Das war etwas unglücklich ...

EMILIA
Was denn?

YANNIK
Na ja – unsere Begegnung ... Ich wollte nur, dass Sie wissen ...
also – die Frau, mit der ich da war ... das war nicht meine Frau.

EMILIA
Das weiß ich.

YANNIK
Ich weiß, dass Sie das wissen ... aber meine Frau weiß es nicht ... verstehen Sie?
Wir machen grad eine etwas schwierige Phase durch, wenn Sie wissen, was ich meine.

EMILIA (grinst)
Natürlich.

YANNIK
Gut, dann müssen wir das ja vielleicht nicht mehr erwähnen.

EMILIA
Alles geklärt.

YANNIK
Gut. Dann ...

Emilia dreht sich in Richtung Tür.

YANNIK
Ach und wegen des Hasenkostüms ...

EMILIA (dreht sich um und schaut übertrieben ernst)
Ich schweige wie ein Grab.

Yannik kämpft kurz mit sich.

YANNIK
Ich bin gar nicht so humorlos, wie Sie denken!

EMILIA
Das ist mir jetzt auch klar.

Yannik grinst verlegen.

[Blende aus]

Kinokomödie / Comedy

Modeprofi

Hauptrolle // 35-55 Jahre „Familienvater" / lieb / humorvoll / fahrig / verschlossen
Anspielpartner // 28-40 Jahre „Verkäuferin" / „Ehefrau" / „Tochter oder Sohn"

Emotionalität/Bruch	entspannt wird zu gestresst / nervös / peinlich berührt
Licht	Tageslicht
Spielort	im Kleidungsgeschäft
Kostüm	konventionelle Kleidung
Mögliches Geheimnis	1. Lukas hatte letzte Nacht Sex mit der Verkäuferin. 2. Lukas ist in die Verkäuferin verliebt.

IM PARK / AUSSEN - TAG
LUKAS, seine Frau LISA und seine Tochter MIA betreten einen Klamottenladen. Lukas hält Mia an der Hand. Lisa schaut sich interessiert um.

LUKAS (genervt)
Muss das sein?! Das kannst du doch mit deinen Mädels machen.

LISA
Ja, das muss sein. Ich will doch, dass du mir aussuchen hilfst.

Lisa gibt Lukas einen Kuss und lächelt ihn zuckersüß an. Lukas Blick scheint zu sagen „Na gut". Lisa grinst und geht zielstrebig auf einen Kleiderständer zu. Lukas steht etwas dumm in der Gegend rum. Zupft an einem sehr weiten, bunten Kleid.

LUKAS
Mein Gott, das würde nicht mal Tante Sophie stehen.

Mia lacht ihren Vater zustimmend an. Beide lachen. Plötzlich steht die Verkäuferin hinter Lukas.

VERKÄUFERIN
Kann ich Ihnen helfen?

Lukas dreht sich zu der Dame um und erschreckt. Sie scheinen sich zu kennen.

VERKÄUFERIN (unfreundlich)
Ach, du?

LUKAS (verunsichert)
Das wollte ich auch grad sagen. Lange nicht gesehen ... Du arbeitest hier?

VERKÄUFERIN (mit ernster Miene)
Nein. Ich bin dir gefolgt und habe mich jetzt als Verkäuferin getarnt, um dich anzumachen.

LUKAS (nervös zu Lisa blickend)
Ha, du warst schon immer sehr witzig.

MIA (zupft an Lukas Hand)
Wer ist das, Papa?

LUKAS (Lukas ignoriert die Frage)
Tja, war schön, dich wiederzusehen ...

MIA (zur Verkäuferin)
Wie heißt du?

Auf einmal kommt Lisa dazu. Sie hat ein Kleid in der Hand.

LISA
Entschuldigen Sie, haben Sie das auch in einer Nummer größer?

Nun erst sieht Lisa auf und bemerkt, dass die Verkäuferin Lukas mit Grabesmiene anschaut. Lukas schaut nervös zu Lisa und lächelt verlegen.

LISA
Hab ich was verpasst?

Alle blicken nun zu Lukas, der aussieht wie ein begossener Pudel.

[Blende aus]

Kinokomödie / TV-Comedy

Reboot

Hauptrolle // 20-35 Jahre „Nerd“ / freundlich / geduldig / intelligent / humorvoll
Anspielpartner // 20-35 Jahre „Kollege“

Emotionalität/Bruch	freundlich wird zu genervt wird zu bittend
Licht	Kunstlicht
Spielort	chaotisches Büro / Computerwerkstatt
Kostüm	schwarzes T-Shirt, Jeans, Brille
Mögliches Geheimnis	1. Christian und Daniel sind Brüder. 2. Christian hat hoch gewettet, dass Daniel mitkommt.

BÜRO / INNEN – TAG
Ein chaotischer Arbeitsplatz. CHRISTIAN sitzt hinter seinem Schreibtisch vor mehreren Monitoren. Er redet auf DANIEL ein, der einen Computertower repariert.

CHRISTIAN
Mann, komm schon, nur heute Abend. Ich kann auf keinen Fall da allein antanzen …

Christians Telefon klingelt. Er nimmt ab.

CHRISTIAN (genervt)
„PC O Mania“ – was kann ich für Sie tun?
Haben Sie schon mal den Computer aus- und wieder angeschaltet?
Nein – da muss am Gerät ein Knopf sein.

Christian hält den Hörer zu und spricht wieder mit Daniel.

CHRISTIAN
Nur dieses eine Mal – Daniel?!

DANIEL
Vergiss es. Wir wissen doch noch nicht mal, wie die Olle aussieht.

CHRISTIAN (wieder ins Telefon)
Nein – das ist nur der Monitor – Sie müssen am Computer ausschalten.
Doch, vertrauen Sie mir. Da muss es noch einen großen Kasten geben, der blinkt und Geräusche macht. Ja, schauen Sie einfach mal unter dem Schreibtisch nach.

CHRISTIAN (wieder zu Daniel)
Sie ist ihre Schwester. Wie schlecht kann sie aussehen?! Das ist doch auch für dich!
Oder willst du ewig Single bleiben?

CHRISTIAN (wieder ins Telefon)
Jaaa, genau, das ist der Computer, sehen Sie da einen Knopf?
Gut. Den drücken Sie jetzt solange rein, bis der Computer ausgeht.

CHRISTIAN (zu Daniel aggressiv)
Jetzt lass mich doch nicht hängen!

DANIEL
Schon gut! Dann komm ich eben mit zu dem blöden Date.

CHRISTIAN
YES!!!!
Nein – ich meinte nicht Sie! (streng)
Sie drücken doch hoffentlich noch den Knopf ... (in Kindersprache)

Und wenn Sie jetzt noch mal drücken ... genau! Er geht wieder. Sehr gut. Nein – Sie haben es ganz allein geschafft! Keine Ursache! Rufen Sie jederzeit wieder an.
Tschöööö.

Christian freut sich.

[Blende aus]

Kinokomödie / TV-Comedy

Taxi

Hauptrolle // 35-55 Jahre „Taxifahrer" / freundlich / gemütlich / ausgeglichen / schnoddrig
Anspielpartnerin // 25-45 Jahre „Mutter" / gestresst

Emotionalität/Bruch	entspannt wird zu emotional
Licht	Tageslicht
Spielort	Straße mit Taxi
Kostüm	gemütliche Kleidung, Sandalen
Mögliches Geheimnis	1. Theo steht nur zufällig an einem parkenden Taxi. 2. Theo ist ein Undercoverspion.

BÜRO / INNEN – TAG

Industriegebiet. An einem verlassenen Taxistand steht nur ein Taxi. Der Fahrer, THEO, ein kräftiger Kerl mit Ruhrpottattitüde lehnt an der Motorhaube und liest Zeitung. ISABELL kommt schwer bepackt mit Tüten und Taschen vom Einkauf an ihm vorbeigehuscht.

ISABELL (freundlich)
Hallo.

THEO (desinteressiert)
Jo.

Isabell steigt wie selbstverständlich ein und setzt sich auf die Rückbank des Taxis. Sie sitzt da mit erwartungsvoller Miene, als sie bemerkt, dass Theo sich nicht vom Platz bewegt. Isabell steigt aus und tritt neben Theo.

ISABELL (freudig)
Hallo.

THEO (trocken)
Hallo.

ISABELL
Ich möchte gern in die Rolandstraße.

THEO (vertieft ins Lesen)
Ach? Dann sind Sie ja hier ganz woanders.

ISABELL (ungeduldig)
Ja, genau. Deshalb dachte ich mir, ich nehm schnell ein Taxi ...

THEO (schaut Isabell an)
Macht Sinn.

ISABELL (vorsichtig)
Und Sie?

THEO
Ich hab Mittagspause und lese.

ISABELL
Ja ... Wissen Sie, ich muss ganz dringend mein Kind von der Schule abholen ...

THEO (zitiert belustigt aus der Zeitung)
Kleine Mikrochips im Impfstoff – dieser Bill Gates ist schon so ein Gauner.

ISABELL (besorgt)
Wissen Sie, wie das ist, ganz allein auf dem Schulhof zu stehen, während alle anderen Kinder von ihren Eltern abgeholt werden ... nur Sie nicht?

Theo schaut von der Zeitung auf und kramt in seinem Gedächtnis.

THEO (ernst/fast traurig)
Ja, das weiß ich ... (trocken) ist echt Scheiße.

ISABELL (hoffnungsvoll)
Würden Sie mich also bitte in die Rolandstraße fahren?

THEO
Würde ich. Aber die Karre streikt. Schon zum dritten Mal diesen Monat. Ich warte auf den ADAC. Kann sich nur noch um Stunden handeln ...

Wütend dreht sich Isabell um und zerrt ihre Taschen aus dem Auto. Theo zuckt mit den Achseln und liest weiter.

[Blende aus]

Liebe / Intrige

Kinodrama

Aus

Hauptrolle // 25-45 Jahre „Macho“ / charmant / ungehalten / temperamentvoll / sexy
Anspielpartner // 25-45 Jahre „Ehefrau“

Emotionalität/Bruch	fröhlich wird zu geschockt wird zu wütend/emotional
Licht	Tageslicht
Spielort	im Park
Kostüm	Lederjacke, Jeans, dunkles Shirt
Mögliches Geheimnis	1. Murat hat selbst eine Affäre. 2. Murat weiß schon ewig von dem anderen Mann.

IM PARK / AUSSEN – TAG
REBECCA steht im Park. Sie ist sichtlich nervös und wartet. MURAT nähert sich von hinten. Er überrascht sie mit einer Umarmung. Murat lacht.

MURAT
Hallo, meine Schöne.

REBECCA (versucht sich seiner Annäherung zu entziehen)
Lass das doch.

MURAT
Das haben wir auch schon lange nicht mehr gemacht. Ich meine, so eine Verabredung im Park. Weißt du noch – damals, als wir hier langgegangen sind? Nur du und ich. Mann, was war ich verknallt. Und dieser Puppenspieler mit den beknackten Puppen, die aus Raviolidosen gemacht waren. Weißt du's noch?!

REBECCA
Ja – Nein – ich weiß nicht. Ist schon lang her.

MURAT
Du weißt es nicht mehr?!

REBECCA
Murat – jetzt hör doch mal zu. Ich muss dir was sagen.

MURAT
Okay. Ich höre.

REBECCA
...

MURAT
Was ist los? Jetzt red schon!

REBECCA
Ich will die Scheidung.

MURAT
... Was?! Warum?!

REBECCA
Es geht einfach nicht mehr.

MURAT (wird laut)
Sag mal, spinnst du?! Du kannst doch nicht ... (versucht, wieder die Fassung zu erlangen) Wie ist sein Name?

REBECCA
...

MURAT
Sein Name! ... Rebecca – der Mann wird doch einen Namen haben. Wie heißt er, verdammt noch mal!!!!???????

REBECCA
Max Höfner.

MURAT
Der Typ mit dem Piercing im Gesicht?! Sag mal ... (begreift) deshalb hast du ... das Wochenende in Kassel ... und die SMS ... seit wann?

Rebecca schweigt und blickt runter. Murat start Rebecca an, hadert mit sich. Schüttelt dann den Kopf, dreht sich um und geht.

[Blende aus]

Kinokomödie

Backpacker

Hauptrolle // 16-25 Jahre „Backpacker" / abenteuerlustig / sportlich / charmant
Anspielpartnerin // 16-25 Jahre „Freundin"

Emotionalität/Bruch	erschöpft / genervt / zu sanft / zu leidenschaftlich / humorvoll
Licht	Tageslicht
Spielort	Straße
Kostüm	Outdoorklamotten / Rucksack
Mögliches Geheimnis	1. Levi will unbedingt an die Drogen in Jonas Wohnung. 2. Levi ist in Jonas verliebt.

STRASSE / AUSSEN - TAG
KIM und LEVI kommen mit vollbepackten Rucksäcken auf dem Rücken eine Straße entlang. Sie scheinen schon eine Weile unterwegs zu sein. Sie schauen auf die Hausnummern.

LEVI
Hier ist es.

Levi sucht in seinem Rucksack nach dem Schlüssel.

KIM (genervt)
Levi - mach hinne - ich bin so müde. Jonas hat ihn dir doch geschickt, oder nicht?

LEVI (gereizt)
Ja, aber ich find ihn nicht.

Kim stellt den Rucksack ab und setzt sich auf den Boden. Levi wühlt weiter in seiner Tasche.

LEVI
Scheiße!

Kim stöhnt genervt.

LEVI (gestresst)
Ja, Entschuldigung! Das nächste Mal kümmerst du dich drum.

Levi schaut Kim an. Die hat den Kopf in die Hände gestützt. Levis Gesicht wird milde. Er setzt sich zu Kim auf den Boden. Levi schmiegt sich an Kim an.

LEVI (versöhnlich)
Dann müssen wir beide wohl warten, bis Sven nach Hause kommt.

KIM
Na gut. Darauf kommts jetzt auch nicht mehr an.

LEVI (will Kim küssen)
Ich weiß schon, womit wir uns die Zeit vertreiben ...

KIM (lacht)
Tobi, hier auf offener Straße?!

Levi und Kim küssen sich und albern rum.

LEVI
Na und, hier kennt uns doch keiner ...

KIM
Stimmt, aber du sollst eins wissen: Ich hab seit vier Tagen nicht geduscht!

LEVI
Na und ... ich seit sechs! Umso besser.

Plötzlich fällt Levi mit einem klingenden Geräusch etwas aus der Hose.

KIM
Ah, der Schlüssel.

LEVI
Oh – schade ...

KIM
Kein schmutziger Straßensex ...

LEVI (holt den Schlüssel hervor)
Jonas ist noch nicht da ...

Beide lachen, stehen auf und Levi schließt auf ...

[Blende aus]

Kinoliebeskomödie

Catfish

1. Hauptrolle // 18-35 Jahre „der Nerd“ / intelligent / sozial unsicher / erfinderisch
2. Hauptrolle // 18-35 Jahre „der Schönling“ / selbstsicher / charmant / aufbrausend

Emotionalität/Bruch	1. Sören: panisch, aufgeregt, freudig wird zu aggressiv 2. Tilo: genervt, gestresst wird zu belustigt und fies
Licht	Kunstlicht
Spielort	im Wohnzimmer
Kostüm	1. Sören: grau/braune Kleidung / langweilig / Brille 2. Tilo: Jeans, Shirt, Kapuzenpullover
Mögliches Geheimnis	1. Sören will Tilos Loyalität testen. 2. Tilo hatte mal eine Affäre mit Sarah und erkennt sie.

WOHNZIMMER / INNEN - ABENDS
SÖREN zerrt TILO ins Zimmer.

SÖREN (panisch)
Okay - es ist ganz einfach - du hast sie in dem Forum „Vier Pfoten“ kennengelernt ...

TILO
Sag mal, spinnst du?! Ich skype doch nicht mit deiner Tussi.

SÖREN (verzweifelt)
Doch! Du musst! Bitte - sonst verlier ich sie.

TILO
Warum das denn?

SÖREN
Sie hat mich doch noch nie gesehen.

TILO
Ja, und?! Du siehst doch top aus, Alter. Was ist dein Problem?!

SÖREN
Na ja ... also ...

TILO
Was?

SÖREN
Also ...

TILO
WAS?!

SÖREN
Sie denkt, ich seh aus wie du.

TILO (irritiert)
Und warum sollte sie das denken?

SÖREN
Weil sie mein Profilfoto gesehen hat.

TILO
Und?

SÖREN
Das war das Foto auf Malle ... von dir.

Tilo starrt Sören an.

SÖREN
Bitte, Alter – hilf mir!

Ein Skypeanruf kommt rein.

SÖREN (mit weitaufgerissenen Augen)
Bitte.

TILO (wütend)
Aber nur ganz kurz.

SÖREN (freudig)
Versprochen. Ich hol dich da raus. Ach und du heißt auch Tilo.

TILO
Du hast MEINEN Namen benutzt?!

SÖREN
Falls sie mich … äh … also dich googelt.

Tilo setzt sich vor den PC mit Panik in den Augen. Er nimmt den Anruf an.

TILO (ängstlich)
Hallo?

SARAH (freudig)
Hey. Da bist du ja.

TILO
Ja und du auch …

Sören steht hinter dem PC und hebt einen Block auf – darauf steht „Sarah“

TILO
Sarah.

Sören gibt den Daumen hoch und strahlt Tilo an.

SARAH
Deine Stimme klingt ganz anders als am Telefon.

TILO
Das ist bestimmt der Whiskey, den ich gestern getrunken hab.

SARAH (besorgt)
Du hast getrunken? Das versteh ich. Wie geht's dir?

TILO
Gut. Sehr gut.

Sören gibt ihm Zeichen, dass es ihm nicht gut geht. Er gestikuliert und schüttelt den Kopf.

TILO
Also nicht sooo sonderlich gut. Eigentlich … Eigentlich schlecht – mir ist schlecht? Ich weine viel … (versteht Sörens Gesten nicht) Ich muss aufs Klo?

Sören schaut ihn schockiert an.

SARAH
Oh – also – bist du krank? Ich meinte eigentlich, wie es dir mit Bruno geht.

TILO
Bruno?

SARAH
Deinem Frettchen. Du hast ihn doch heute begraben?

Sören nickt vehement.

TILO (stockend)
Ja. Tot und begraben. Sehr traurig.

SARAH
Wenn du nicht darüber sprechen willst, versteh ich das.

TILO (mit wütendem Blick zu Sören)
Nein, nein, gern können wir über mein totes Frettchen Bruno sprechen. Oder noch besser über meinen toten Freund Sören.
DAS ist ne witzige Geschichte, der sah nämlich aus wie ich und …

Der Anruf wird unterbrochen.

Sören taucht schweißgebadet hinter dem PC auf, er hält den Router in der Hand, aus dem er grad das Kabel gerissen hat.

Sören starrt Tilo wutentbrannt an. Der hebt provozierend die Augenbrauen.

[Blende aus]

Kinodrama / Liebesfilm

Das Geschenk

Hauptrolle // 25-40 Jahre „der verliebte Businessman" / charmant / ehrgeizig / clever
Anspielpartnerin // 25-40 Jahre „Traumfrau"

Emotionalität/Bruch	verliebt wird zu ernst / beschwichtigend
Licht	Tageslicht
Spielort	Blumenladen / alternativ: Buchladen o.Ä.
Kostüm	Businesskleidung / Hemd / Jackett
Mögliches Geheimnis	1. Frederick ist unheilbar krank und will nicht, dass Sarah mitbekommt, wie er stirbt. 2. Frederick will zu seiner Geliebten auf die Bahamas.

BLUMENLADEN / INNEN – TAG
Frederick und Sarah stehen im Blumenladen. Sarah starrt konzentriert auf die Blumen. Frederick telefoniert mit einem kanadischen Kollegen auf Französisch. Er legt auf, tritt hinter sie und umarmt sie. Sarah dreht sich zu Frederick um.

FREDERICK (telefoniert)
Non, non, c'est bon. Oui, j'ai déjà confirmé le vol pour samedi soir. Comme tu veux, mais de toute façon je serai là Lundi matin pour la conférence, ne t'enquête pas. Oui, oui. Bon alors, à la semaine prochaine.

(Nein, nein, alles in Ordnung. Ja, ich habe den Flug für Samstagabend schon bestätigt. Wie es dir passt, aber ich bin auf jeden Fall Montag früh zur Konferenz da, mach dir keine Sorgen. Also gut, dann bis nächste Woche.)

SARAH (lächelt)
Hey – was ist los?

FREDERICK (kuschelt sich an Sarah)
Nichts. Ich will einfach bei dir sein.

SARAH
Frederick – hör auf. Die Leute ...

FREDERICK (küsst sie)
Welche Leute?

SARAH (lacht)
Ich muss aber noch die Blumen aussuchen.

FREDERICK
Warum noch mal?

SARAH
Weil Nora Geburtstag hat und ... was ist los?

FREDERICK (wird ernst)
Nichts ... Doch. Sarah – hör zu. Ich muss wieder weg.

SARAH
Was meinst du?

FREDERICK
Sie schicken mich nach Kanada. Irgendein Riesenauftrag ... Was soll ich denn machen?! Das war die Bedingung. Ich hab gesagt, sie können mich überall einsetzen. Da kannte ich dich doch gar nicht ...

SARAH
Aber jetzt kennst du mich!

FREDERICK
Ja. Das ist ja das Problem. Ich dachte immer, das wäre genau das, was ich will: arbeiten – überall auf der Welt und ... mit dir hab ich einfach nicht gerechnet ... (schluckt)

SARAH
Wie lange?

FREDERICK
Mindestens zehn Monate. Vielleicht länger.

SARAH
Wann?

FREDERICK
Samstag.

SARAH (starrt ihn an)
Heut ist Mittwoch ...
[Blende aus]

Kinodrama / TV-Soap

Das Wiedersehen

Hauptrolle // 20-35 Jahre „der Wartende“ / überschwänglich / positiv / lieb
Anspielpartner // 20-35 Jahre „Freundin“

Emotionalität/Bruch	glücklich / verliebt wird zu geschockt / verletzt
Licht	Tageslicht
Spielort	Straße / Bushaltestelle
Kostüm	dunkle Jeans, schwarzes Hemd
Mögliches Geheimnis	1. Luca will Pia einen Heiratsantrag machen – es warten bereits 50 Leute darauf, dass sie mit beiden feiern können. 2. Luca ist unheilbar krank.

BUSHALTESTELLE / AUSSEN – TAG
Der Bus hält an und fährt rasch weiter. An der Bushaltestelle steht PIA. Sie hat zwei Koffer in der Hand und einen Rucksack auf dem Rücken. LUCA tritt ins Bild. Er geht über die Straße langsam auf Pia zu. Sie stellt die Koffer ab. Sie stehen voreinander. Plötzlich umarmen sie sich. Luca ist überglücklich. Mit Freudentränen in den Augen nimmt er ihr Gesicht in die Hände und schaut sie an.

LUCA (liebevoll)
Du bist wieder da ... Ich steh hier schon seit zwei Stunden ... konnte die ganze Nacht nicht schlafen ... deine Haare sind länger ... ich bin so froh, dass du wieder da bist.

Pia schaut zu Boden.

LUCA
Was ist los? Bist du müde? Wollen wir nach Hause gehen?! Komm mit.

PIA
Nein. Luca – ich wollte noch warten, aber ich muss es dir jetzt sagen:
Ich bleibe nicht hier.

LUCA
Was soll das?! Is das ein Witz?!

Luca sieht an Pias Blick, dass es kein Witz ist.

PIA
Ich bin nur gekommen, um dir zu sagen, dass ich mich in jemand anderen verliebt habe.

LUCA
Willst du mich verarschen?! Du kommst extra hierher um mir das zu sagen?

PIA
Es tut mir leid.

LUCA (wird laut)
Es tut dir leid?! Du spinnst doch wohl ... Warum hast du nichts geschrieben oder mich angerufen. Du hättest mir viel Lebenszeit erspart.

Das wars? Einfach so?

PIA
Nein, Luca – nicht einfach so. Es ist halt passiert.

Luca nickt. Plötzlich wird er so sauer, dass er Pia schubst.

LUCA
SO EINE SCHEISSE!

Luca ringt um seine Fassung ...

LUCA (leise)
Ich hab zwei Stunden gewartet ...

Luca dreht sich um und geht.

[Blende aus]

TV-Soap

Die Rose

Hauptrolle // 22-40 Jahre „Singlemann“ / freundlich / humorvoll / clever / reich
Anspielpartner // 20-40 Jahre „Verkäuferin“

Emotionalität/Bruch	unsicher wird zu charmant
Licht	Tageslicht
Spielort	Blumenladen
Kostüm	Kleidung zum Ausgehen, elegant
Mögliches Geheimnis	1. Simon stalkt Sophia schon lange. 2. Simon ist schwul.

BLUMENLADEN / AUSSEN – TAG
SIMON betritt einen Blumenladen. Er steht eine Weile da und sieht sich um. SOPHIA, die Verkäuferin, scheint schwer beschäftigt und genervt. Simon fasst sich ein Herz und geht zu ihr.

SIMON (vorsichtig)
Entschuldigung?

SOPHIA (genervt)
Ja? Kann ich Ihnen helfen?

SIMON (sieht Sophia lange an)
Tja, da bin ich mir noch nicht ganz sicher.

SOPHIA (jetzt freundlich)
Was suchen Sie denn?

SIMON
Hatten Sie schon mal ein Blind Date?

SOPHIA (überrascht)
Ich ... nein, also ... ich glaub nicht.

SIMON
Das ist schade. Ich hab nämlich eins und zu diesem Anlass brauch ich ein

Erkennungszeichen. Ich dachte, eine Blume sei da richtig. Was denken Sie?

SOPHIA
Ja, also ... klar, das ist klassisch.

SIMON
Genau. Klassisch ist das richtige Wort. Das gefällt mir. Klassisch ist gut. Und welche Blume wäre da am besten geeignet?

SOPHIA
Tja, also ...

SIMON
Genau. Sie haben recht. Eine Rose wäre perfekt.

SOPHIA
Rosen haben wir hier.

SIMON (nimmt eine Rose heraus und riecht daran)
Diese hier gefällt mir ganz gut. Aber die Farbe ist noch nicht richtig.

SOPHIA
Rot?

SIMON
Sie sagen es. Eine rote Rose. Exakt. Ich nehme diese hier. Was kostet die?

SOPHIA
3,50.

SIMON (gibt einen Fünfer)
Stimmt so.

SOPHIA
Danke.

Simon dreht sich kurz um, geht ein paar Schritte. Dann wendet er sich wieder Sophia zu. Er streckt ihr die Rose hin.

SOPHIA (verdutzt)
Gefällt sie Ihnen doch nicht mehr?

SIMON
Die ist für Sie.

SOPHIA
Und Ihr Blind Date?

SIMON (lächelt)
Das hab ich doch schon.

SOPHIA
Also, ehrlich gesagt ...

SIMON (unsicher)
Ja?

SOPHIA
... ich steh mehr auf Lilien.

Sophia dreht sich auf der Stelle um und geht. Simon schlägt sich mit der Hand vors Gesicht.

SIMON (zu sich)
Du Vollidiot! (äfft sich nach) „Das hab ich doch schon."

[Blende aus]

Kinokomödie / Telenovela / TV-Soap

Eifersucht

Hauptrolle // 18-35 Jahre „der Coole" / selbstsicher / arrogant / freiheitsliebend
Anspielpartner // 18-35 Jahre „die Eifersüchtige"

Emotionalität/Bruch	entspannt wird zu genervt / wütend
Licht	Tageslicht / Abendstimmung
Spielort	auf der Straße
Kostüm	lustige Tierkostüme / alternativ: Partyoutfits
Mögliches Geheimnis	1. Chris hat immer noch eine Affäre mit Lina und hofft auf einen Dreier. 2. Chris ist in Oskar verliebt.

AUF EINER STRASSE / AUSSEN – ABEND

MEIKE und CHRIS schlendern in Ernie-und-Bert-Kostümen eine Straße entlang. Sie scheinen schon eine Weile unterwegs zu sein und schauen auf die Hausnummern.

CHRIS
Hier ist es.

Chris untersucht das Klingelschild.

MEIKE
Was ist?

CHRIS
Ich weiß den Namen nicht mehr.

MEIKE
Hä?! Du weißt den Namen nicht von deinem besten Kumpel?!

CHRIS
Hier wohnt nicht Oskar.

MEIKE
Sondern?!

Chris holt sein Handy raus und will Oskar anrufen.

CHRIS
Lina.

MEIKE
Lina?! Welche Lina?! DIE Lina?!

CHRIS
Ja und?!

MEIKE
Du hast gesagt, wir würden uns mit Oskar treffen.

CHRIS
Ja, der ist ja auch da!

MEIKE
Das ist jetzt nicht dein Ernst, oder?!

CHRIS
Was ist denn dein Problem?!

MEIKE
Wir reden von der Lina, mit der du noch zwei Monate rumgevögelt hast, obwohl wir schon zusammen waren.

CHRIS
Jetzt geht das wieder los!

MEIKE
Ja, genau! Das wieder! Und weißt du was, ich hab keinen Bock mehr! (Sie will gehen)

CHRIS
Jetzt warte doch mal! Das ist doch ewig her … und außerdem spiel hier nicht die Eifersüchtige! Du bist doch diejenige, die eine „offene" Beziehung will!

MEIKE
Das hab ich nie gesagt!

CHRIS
Doch, hast du. Ich hab dich gehört, wie du mit Caro drüber gesprochen hast …

MEIKE (empört)
Du belauscht meine Telefonate?!

CHRIS (grinst)
Das ist doch nicht der Punkt, oder?!

Meike geht und zeigt Chris den Stinkefinger, ohne sich umzudrehen. Chris bleibt wütend zurück.

[Blende aus]

Kinoliebesfilm / Soap

Liebesgeständnis

Hauptrolle // 16-20 Jahre „Traumboy" / freundlich / clever / witzig / locker
Anspielpartner // 16-20 Jahre „die Angebetete"

Emotionalität/Bruch	nervös / wird zu unsicher wird zu romantisch
Licht	Tageslicht
Spielort	vor einem Wohnhaus
Kostüm	Jeans, ärmelloses Shirt
Mögliches Geheimnis	1. Ben lügt. 2. Ben will Lisa nur ins Bett kriegen.

WOHNGEBIET HAUS / AUSSEN – TAG
BEN lehnt an einer Mauer und wartet. Plötzlich taucht LISA auf.
Sie kommt gerade von zu Hause. Ben hat anscheinend auf Lisa gewartet.

BEN
Hey, Lisa. Ich hab versucht anzurufen, aber du wolltest wohl nicht mit mir sprechen.
Ich hab die ganze Nacht hier gewartet. Bitte hör mir nur einen Moment zu.

LISA
Was willst du?

BEN
Ich möchte dir erklären, warum ich nicht da war. Bitte. Lisa.

LISA
Was?!

BEN
Es ist wegen Pascal. Weißt du, er ist mein bester Freund und ...

LISA
Was hat der damit zu tun?

BEN

Er ist in dich verknallt. Und ich hatte so ein schlechtes Gewissen. Ich wollte kommen. Glaub mir, aber ich dachte die ganze Zeit, es wäre falsch, weil … das macht man einfach nicht. Ich hätte es dir sagen sollen, aber ich wusste nicht wie und dann bin ich losgelaufen, aber du warst schon weg und … ich hab mit Pascal geredet.

LISA

Und?!

BEN

Ich hab ihm gesagt, dass ich verliebt bin und dass ich so etwas noch nie empfunden habe und … na ja, dass ich mit dir zusammen sein will …

LISA (ungeduldig)

Was hat er gesagt?

BEN

Er hat mich hierher gefahren.

Lisa lächelt.

[Blende aus]

Kinokomödie / Comedyserie

Mutterwitz

Hauptrolle // 20-40 Jahre „Charmeur" / freundlich / charmant / humorvoll
Anspielpartner // 20-40 Jahre „Verkäuferin"

Emotionalität/Bruch	verunsichert / charmant / cool wird zu abserviert
Licht	Tageslicht
Spielort	Klamottenladen
Kostüm	Freizeitkleidung
Mögliches Geheimnis	1. Louis ist ein Star inkognito. 2. Louis ist sexsüchtig.

IN EINEM KLAMOTTENLADEN / INNEN – TAG
LOUIS geht am Schaufenster entlang und guckt in den Laden. Er geht noch mal langsam rückwärts und glotzt jetzt offensichtlicher die VERKÄUFERIN an. Dann betritt er den Klamottenladen für Frauen, völlig fixiert auf die Verkäuferin. Er durchstöbert die Klamotten, ohne diese wirklich zu sehen. Die Verkäuferin bemerkt so langsam die Anmache und versucht, den Kunden zu ignorieren. Louis schlendert weiter durch den Laden und reißt plötzlich aus Versehen ein paar Kleider von der Stange. Er taucht sofort ab und sammelt sie auf. Dann taucht er wieder auf – schielt auf die Kasse – doch die Verkäuferin ist nicht da. Plötzlich steht sie neben ihm. Louis erschrickt.

VERKÄUFERIN
Kann ich Ihnen helfen?

LOUIS
Ja! Ähm, ich suche was für ... (er nimmt ein Kleid hoch) meine Mutter?!

VERKÄUFERIN
Ein Kleid?

LOUIS
Ja – ein Kleid für ... eine Beerdigung?!

VERKÄUFERIN
Eine Beerdigung?

LOUIS
Ja – Onkel Friedel ist gestorben ... harter Schlag.

VERKÄUFERIN
Schwarz

LOUIS
Was?

VERKÄUFERIN
Sie suchen also ein schwarzes Kleid!

LOUIS
Das wäre wohl angebracht.

VERKÄUFERIN (hebt ein Kleid hoch)
So was?

LOUIS
Oh, da wird sie nicht reinpassen. Sie ist etwas ... na ja, wissen Sie – sie hat's mit der Schilddrüse.

VERKÄUFERIN
Vielleicht kommt Ihre Mutter mal persönlich vorbei?

LOUIS
Das ist eine großartige Idee. Apropos Idee – da hab ich auch noch eine – wir gehen heut Abend aus?!

VERKÄUFERIN
Davon halt ich nichts.

LOUIS (perplex)
Nichts – na gut. Nichts ist nicht viel. Gar nicht ... viel. Dann geh ich mal wieder ...

VERKÄUFERIN (grinst in sich hinein)
Und grüßen Sie Ihre Mutter!

Louis stolpert aus dem Laden.

[Blende aus]

Kinokomödie / TV-Liebesfilm

Switch

Hauptrolle // 20-40 Jahre „Lover/Businessman“ / charmant / ehrgeizig / streng
Anspielpartnerin // 20-40 Jahre „Affäre“ / Sexy / clever / verspielt

Emotionalität/Bruch	charmant/verführerisch wird zu unterkühlt/streng
Licht	Tageslicht
Spielort	Schlafzimmer
Kostüm	Boxershorts/Hemd/Krawatte/Jackett
Mögliches Geheimnis	1. Julian hat eine Affäre mit Frau Wolter. 2. Julian hat das Meeting gefakt.

SCHLAFZIMMER / INNEN - TAG
MELISSA und JULIAN schmusen im Bett - necken sich - albern herum.

MELISSA
Wer hätte das gedacht.

JULIAN
Dass du heute Morgen mit einem derart gut aussehenden Mann aufwachst?!

MELISSA
Ja, genau das wollte ich sagen.

JULIAN
Das höre ich nicht zu ersten Mal.

MELISSA (lacht)
Du Spinner!

JULIAN
Also, was meinst du?

MELISSA
Ich hatte schon Besseraussehende!

JULIAN
Ich meinte eigentlich zu einem Date heute Abend?

MELISSA (albern)
Ähm ... darüber muss ich nachdenken. Bin ja eher so der One-Night-Stand-Typ.

Julian lacht. Dann blickt er auf die Uhr und springt auf.

JULIAN
Mist! Entschuldige – ich muss ganz kurz mal an den PC.

Julian zieht sich ein weißes Hemd an und eine Krawatte. Melissa will aufstehen.

JULIAN
Nein, bitte – bleib liegen. Es dauert nur ein paar Minuten. Ist ein ganz kurzes Meeting.

MELISSA
Oh – du bist also berufstätig?

Julian grinst und zieht sich ein Jackett drüber. Er steht vor dem Spiegel und zieht seine Haare mit seiner Hand glatt.

MELISSA
Willst du keine Hose anziehen?

JULIAN
Nicht nötig.

Julian setzt sich vor den PC und steckt sich einen Kopfhörer ins Ohr. Melissa richtet sich neugierig im Bett auf und schaut ihn amüsiert an. Julian sitzt da in seiner Boxershorts und Anzugjacke, lächelt kurz zu Melissa rüber und loggt sich dann in die Konferenz ein.

JULIAN (streng)
Ob das ein guter Morgen ist, wird sich noch zeigen.
Herr Greve – Sie sollten dem Kunden bereits gestern die Entwürfe zeigen. Warum hat das nicht geklappt?

JULIAN (gelangweilt)
Ehrlich gesagt, interessieren mich Ihre Ausreden nicht mehr. Frau Wolter würden Sie bitte ab sofort den Kunden übernehmen!? Herr Greve – Sie können Ihre Sachen packen. Ich will Sie ab morgen nicht mehr in meiner Agentur sehen.

JULIAN (kalt)
Die Entwürfe werden sofort und zwar vollständig dem Kunden zugänglich gemacht. Sie – Frau Wolter – sind dafür zuständig und werden von nun an 24/7 dem Kunden zur Verfügung stehen.

JULIAN
Urlaub?! Natürlich können Sie auch gern in den Urlaub fahren – am besten kommen Sie dann gar nicht erst zurück. Es gibt genügend Ihrer Kollegen, die sich um den Job reißen.

JULIAN (überfreundlich)
Gut – dann ist das ja geklärt. Ich will über jegliches Feedback informiert werden und sollte der Kunde auch nur das Geringste auszusetzen haben, mach ich Sie persönlich dafür verantwortlich.

JULIAN
Schönen Tag noch.

Julian legt auf, atmet aus und nimmt die Kopfhörer aus den Ohren. Dann klappt er den Laptop zu und springt mit einem galanten Sprung freudig ins Bett neben Melissa. Die schaut ihn schockiert an.

JULIAN
Naaa? Lust auf ne zweite Runde mit dem Chef?

MELISSA
Äh – nein. Danke.

Melissa steigt aus dem Bett und beginnt, sich anzuziehen.

JULIAN (überrascht)
Was denn?

[Blende aus]

MONOLOGE FÜR MÄNNER

Drama / Familie

Durchgezogen // Eifersucht // Geständnis // Mitläufer // Motive

Krimi

Durchgezogen

Hauptrolle // 22-35 Jahre „der Energische“ / sportlich / empathisch / clever

Emotionalität/Bruch	erklärend / gleichgültig
Licht	Tageslicht
Spielort	Verhörraum
Kostüm	T-Shirt
Mögliches Geheimnis	1. Ben hat einen Sprengstoffgürtel um. 2. Ben ist in Sara verliebt.

VERHÖRRAUM / INNEN – TAG
BEN sitzt vor der Kamera. Er hat einen verdreckten Anzug an. Die Krawatte hängt offen um seinen Hals. Er zieht an einer Zigarette.

BEN

Als ich Sara kennenlernte, wollte ich eigentlich nur 'ne Tasse Kaffee. Ich war gerade bei der Bank gewesen und die Arschlöcher haben gesagt, dass sie mir keinen Aufschub gewähren ... Ich wusste einfach nicht mehr weiter. Es war ein verdammt beschissener Tag. Und ich spielte mit dem Gedanken, mit allem Schluss zu machen. Und dann war sie da. Sie saß neben mir an der Bar in diesem miesen kleinen Café. Wir tranken zusammen Kaffee und irgendwann fing sie an, von diesem Job zu reden.
Sie sagte, sie würde 50.000 Euro zahlen, wenn jemand sie von diesem Typen befreit. Natürlich war ich zuerst geschockt. Aber dann fing ich an, darüber nachzudenken. Ich brauchte das Geld, verdammt! Und der Typ war ein mieser, kleiner Wichser. Was soll's ... war vielleicht nicht die beste Entscheidung meines Lebens – aber immerhin hatte ich mal was durchgezogen ...

[Blende aus]

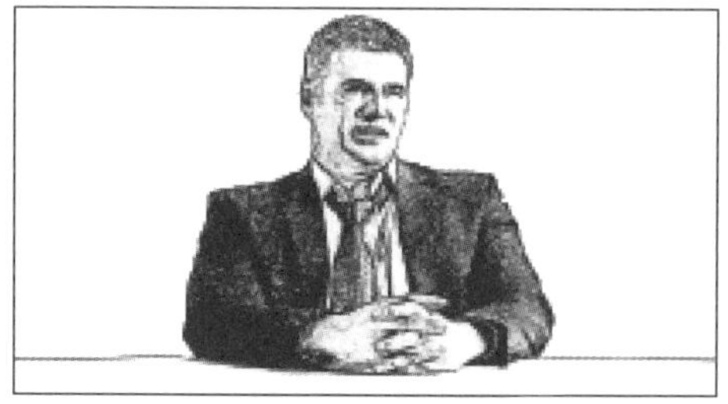

Krimi

Eifersucht

Hauptrolle // 18-35 Jahre „Täter" / hart / aggressiv / dumm / verbittert

Emotionalität/Bruch	aggressiv wird zu geständig / hart wird zu traurig
Licht	Tageslicht
Spielort	Verhörraum
Kostüm	Muskelshirt, Jeansjacke
Mögliches Geheimnis	1. Ingo ist unschuldig und versucht, jemanden zu decken. 2. Ingo ist Stotterer.

VERHÖRRAUM / INNEN – TAG
INGO sitzt am Tisch und sieht sehr angespannt aus. Er wirkt zerrissen zwischen Verzweiflung und Aggression.

INGO

Ich hab keine Ahnung was passiert ist ... ich meine, wie es passiert ist ...
Ich wollte zu Mona ... wie immer ... wir haben das öfter gemacht, wenn ich mal kurz Pause hatte. Sie hatte mir extra den Schlüssel gegeben.
Genau für so eine Situation. Ich meine – ich dachte, sie wäre nicht zu Hause.
Ich wollte auf sie warten. Aber dazu kam es nicht. Als ich die Tür aufschloss, hörte ich sie. Das heißt eigentlich hörte ich nur, dass jemand da war ...
Man denkt immer, so etwas passiert nur anderen. Sie hatte mich echt verändert.
Ich war wieder ganz brav – keine Schlägereien mehr – keine Einbrüche ...
sie hatte das bewirkt ...
Und dann das ... sie hätte das nicht tun sollen. Sie hätte mich nicht verarschen dürfen.
Jedenfalls hat sie bekommen, was sie verdient hat – beide.

[Blende aus]

Krimi

Geständnis

Hauptrolle // 22-45 Jahre „Mafioso" / gefährlich / aggressiv / cool

Emotionalität/Bruch	geständig / aggressiv wird zu vergnügt
Licht	Tageslicht
Spielort	Verhörraum
Kostüm	Anzug mit gelockerter Krawatte
Mögliches Geheimnis	1. Alex plant einen Fluchtversuch. 2. Alex ist unschuldig und deckt einen Freund.

VERHÖRRAUM / INNEN – TAG
ALEX sitzt am Tisch und zieht nervös an einer Zigarette. Er sieht stark angespannt aus und scheint mit sich zu hadern. Dann blickt er in die Kamera und beginnt zu sprechen.

ALEX

... Sie hat mich genervt ... Wollte immer, dass ich genau sage, wo ich hingehe und mit wem und wie lange und, und, und ...

Ich mochte sie am Anfang. Sie war hübsch und lieb und nicht so ein Flittchen. Aber es ist immer das Gleiche – du lässt dich auf so einen Scheiß ein und bekommst es hundertfach zurück. Ich meine, diese dumme Quatscherei ging mir schon ziemlich auf den Sack. Aber ich hab mir gesagt, lass sie doch labern.

Aber das war ja nicht genug. Sie wollte natürlich auch meine Kohle und mein Auto und mein ganzes Scheißleben. Sie war überall ... und irgendwann ... irgendwann war's dann zu viel. Sie hat den Bogen überspannt und dafür hat sie dann die Quittung bekommen.

Ich kann Ihnen gar nicht sagen, was für ein geiles Gefühl das war. Endlich war Ruhe. Sie erwarten von mir bestimmt, dass ich jetzt sage, wie leid mir alles tut und wie traurig ich bin. Aber das wird nie passieren, weil ich genau weiß – die dumme Schlampe hat's verdient – ich würd's jederzeit wieder tun ... nur um noch einmal diese geile Stille zu hören.

[Blende aus]

Krimi

Mitläufer

Hauptrolle // 18-35 Jahre „Gauner“ / cool / taff / hart / frustriert / still

Emotionalität/Bruch	genervt / aggressiv / erklärend
Licht	Tageslicht
Spielort	Verhörraum
Kostüm	sportliche, verschmutzte Kleidung
Mögliches Geheimnis	1. Mark ist Anführer einer Gang. 2. Mark hat soeben das Handy vom Polizisten gezockt.

VERHÖRRAUM / INNEN – TAG
MARK sitzt vor der Kamera. Er sieht müde und genervt aus. Dann blickt er in die Kamera (ggf. an der Kamera vorbei).

MARK

Kann ich endlich gehen?! Ich weiß nichts. Ich hab doch schon gesagt,
dass ich nicht dabei war. Na gut, ich bin mit zu Nico gegangen.
Wir haben getrunken und ein bisschen was durchgezogen und Nico
ist dann irgendwann durchgedreht, wollte unbedingt ein paar Typen abziehen.
Aber so 'nen Scheiß mach ich nicht. Das ist nicht mein Stil.
Sie glauben mir nicht, oder?! Das ist typisch. Hören Sie, ich bin mit 16
von zu Hause weg. Von dem Zeitpunkt an hab ich für mich selbst
gesorgt und ich hatte es nie nötig, irgendwelche Dinger zu drehen.
Es ist mir egal, ob Sie mir glauben oder nicht. Ich bin's gewohnt,
dass die Leute schlecht von mir denken. Das macht mir schon lange
nichts mehr aus. Aber ich lass mich nicht als Kriminellen behandeln.
Kann ich jetzt gehen?!

[Blende aus]

Kinokrimi

Motive

Hauptrolle // 22-35 Jahre „Freiheitskämpfer“ / clever / cool / arrogant

Emotionalität/Bruch	aufgeregt / selbstsicher
Licht	Tageslicht
Spielort	Verhörraum
Kostüm	dunkler Kapuzenpullover
Mögliches Geheimnis	1. Markus hat ein gesichertes Alibi. 2. Markus hat eine Bombe positioniert und weiß, dass sie in acht Minuten hochgeht.

VERHÖRRAUM / INNEN – TAG
MARKUS sitzt vor der Kamera und raucht genüsslich. Schweiß tropft von seiner Stirn.

MARKUS

Motive? Kannste haben.
Geh auf die Straße und schau dich um. Oder schalt den Fernseher ein.
Oder das Radio. Nimm den Telefonhörer ab wenn's klingelt.
Fahr mit der U-Bahn. Kauf 'ne Zeitung. Alles Grütze.
Nimm doch nur ... die ... die Politiker ... Reiche, fette Säcke fällen Entscheidungen,
die andere das Leben kosten, während sie sich ihre Bäuche vollstopfen und die Presse lieber belanglosen Schwachsinn auf die Titelseiten druckt.
Das Internet züchtet eine Generation von verantwortungslosen Opfern heran,
die alles schlucken, was man ihnen serviert.
Konzerne nutzen die Armut in der dritten Welt aus, damit Designerhandtaschen
billig von kleinen Kinderhänden zusammengetackert werden.
Die Werbung verkauft den Kram als unabkömmlich und dazugehören
wollen sowieso alle. Die ganze Konsumgesellschaft schreit nach mehr,
der Kreis schließt sich. Die Menschheit ist ein Puppenspiel –
und irgendwer muss den Marionetten mal die Fäden abschneiden.
Soviel zu Motiven.
Der Kerl hat all das personifiziert und dabei gegrinst wie ein Idiot.
... Er hat's verdient!

[Blende aus]

Komödie / Comedy

Die alte Dame

Kinokomödie

Die alte Dame

Hauptrolle // 22-35 Jahre „Spaßvogel" / clever / cool / humorvoll

Emotionalität/Bruch	amüsiert wird zu ernst / aufgeregt / selbstsicher
Licht	Tageslicht
Spielort	Verhörraum
Kostüm	farbiges T-Shirt
Mögliches Geheimnis	1. Marc hat gekokst. 2. Marc findet den/die Polizist/in süß.

POLIZEI VERHÖRZIMMER / INNEN – TAG
MARC sitzt cool und gut gelaunt am Tisch und schaut in die Kamera.
Dann blickt er eine Person neben der Kamera an.

MARC (grinst)
Jetzt werd ich auch noch gefilmt?! Cool. Mensch, das ist ja wie im Fernsehen (mit verzweifelter Miene in die Kamera) „Isch binet nit jeweesen" (lustiger Akzent) – Tschuldigung. Warte, kennt ihr den schon? „Mami, Mami, ich will nicht immer im Kreis laufen!" – „Sei ruhig, sonst nagle ich dir den anderen Fuß auch noch fest!"

Marc lacht makaber, leicht fies, fängt sich wieder und wird etwas ernster.

Hört mal, ich würd euch ja gern helfen, aber ich bin hier der Gute. Ich hab die alte Dame erst gesehen, als es schon zu spät war. Ich hab ihr hoch geholfen, wie das meine Erziehung vorschreibt. Sie hat sich bedankt ... und dann haben wir Nummern ausgetauscht. (grinst) Ne, natürlich nicht. Mehr war nicht. Ehrlich. (Plötzlich ernst) Na gut. Dann sag ich es halt ... ich habe am 24.3. auf einem Behindertenparkplatz geparkt und zwar für sage und schreibe 57 Sekunden. Ihr habt mich. (streckt die Hände vor, als solle man ihm Handschellen anlegen) Mein Gott – man wird doch noch einen Witz machen dürfen. Bin ich fertig? Cool. Ähm ... kann ich noch jemanden grüßen? (grinst)

[Blende aus]

Action / Krimi

Am Telefon // Treffpunkt

Krimi

Am Telefon

Hauptrolle // 22-35 Jahre „Gauner“ / energetisch / clever / sportlich

Emotionalität/Bruch	aufgeregt / konzentriert / freudig wird zu wütend
Licht	Tageslicht
Spielort	Straßenecke
Kostüm	Jeans, T-Shirt, Turnschuhe
Mögliches Geheimnis	1. Linus will Alex abzocken. 2. Von diesem Deal hängt Linus Leben ab.

STRASSE / AUSSEN - TAG
LINUS kommt in geheimer Mission aus einem Hauseingang gelaufen, freut sich, sprintet um die Ecke, zieht sein Handy und wählt.

LINUS

Alex?! Ich hab's geschafft! Yes!!! Endlich. Bist du allein? Okay. Nein, gerade eben. Die kleine Lady hat mir alles gesagt, was wir brauchen. Ja ... Hast du einen Stift? Dann schreib: AK 407h-655 wiederhol noch mal ... ja ja, okay, korrekt, wir haben's! Beeil dich! In einer halben Stunde bei Tobi (schaut auf die Uhr) 13:47. Nein, allein. Was soll das denn jetzt ... Kommt nicht in Frage. Jetzt halt mal die Luft an! Sag mal, spinnst du?! Das war verdammt noch mal meine einzige Bedingung – Sara lassen wir da raus. Nein! Okay, ganz ruhig ... Alex? Alex? Alex? Scheiße, verdammt, scheiße!

(überlegt, rennt wie der Blitz zurück)

[Blende aus]

TV-Krimi / Kinothriller

Treffpunkt

Hauptrolle // 22-45 Jahre „Agent" / „Polizist" / mutig / taff / cool

Emotionalität/Bruch	nervös / angestrengt / versucht, Angst zu überspielen / aggressiv wird zu geschockt
Licht	Tageslicht
Spielort	Fabrikgelände
Kostüm	Jeans, T-Shirt
Mögliches Geheimnis	1. Danilo hat Wahnvorstellungen. 2. Danilo ist Schauspieler und dreht diese Szene nur.

FABRIKGELÄNDE / AUSSEN - TAG

DANILO rennt auf ein verlassenes Fabrikgelände. Er scheint unter Zeitdruck und sehr nervös zu sein. Danilo schaut sich langsam um. Dann greift er nach hinten und holt eine Pistole raus.

DANILO

Also, ich bin hier. Was ist jetzt?!
Die Zeit läuft! Hallo?!

Danilos Handy klingelt. Er nimmt ab.

Ja ...

Was soll das heißen?!
Nein, ich werde mich nicht entspannen. Wir haben eine Abmachung.
Wenn ich die Fotos nicht bis heute Abend bekomme, kann ich nichts mehr für Sie tun!
Sagen Sie es mir ...

Danilo hört ein Geräusch. Er dreht sich um und zielt auf eine Stelle. Dort ist nichts.

Hören Sie zu ... Entweder Sie sagen mir jetzt, wo Sie sind oder ich bin weg.
Und glauben Sie mir, diesmal gibt's keine andere Vereinbarung.

DANILO (entsetzt)
Was haben Sie gesagt? Woher wissen Sie ...
(Danilo begreift) Oh, mein Gott!

Blende aus

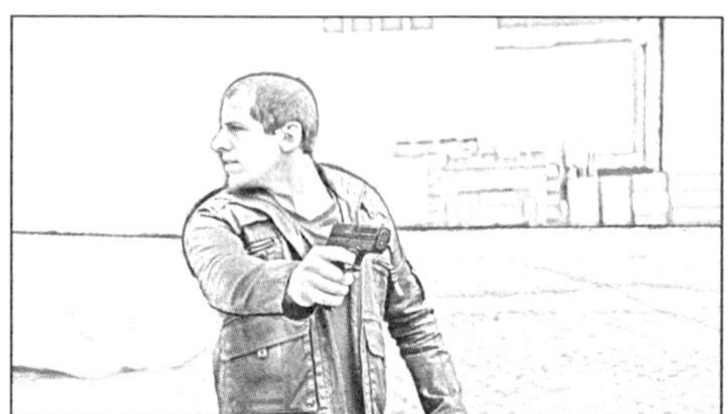

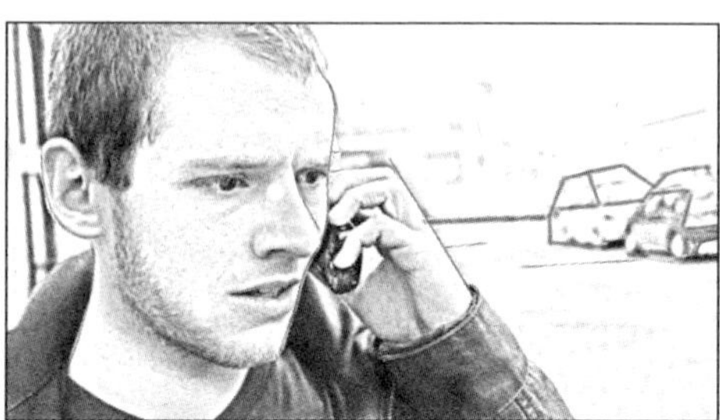

HERBERT VON HALEM VERLAG

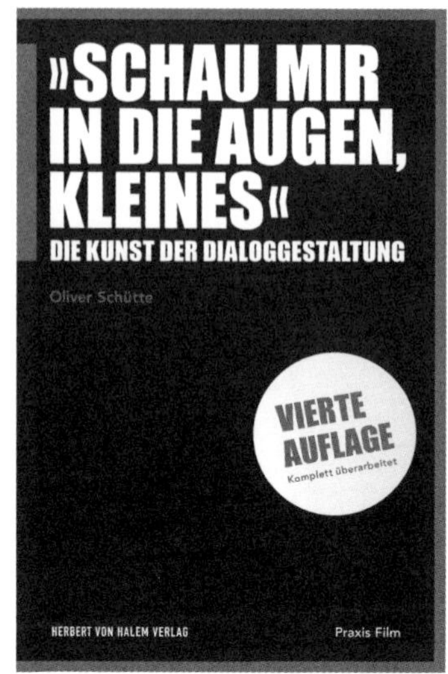

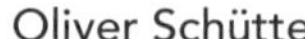

Oliver Schütte
»Schau mir in die Augen, Kleines«. Die Kunst der Dialoggestaltung
Praxis Film, 57
2022, 4., überarbeitete Auflage, 304 S., Broschur, 185 x 120 mm, dt.

ISBN (Print) 978-3-7445-1998-4
ISBN (PDF) 978-3-7445-1993-9

Gute Dialoge zu schreiben, ist für jeden Autor eine Herausforderung und muss ständig aufs Neue trainiert werden. Denn der Dialog ist das ultimative Mittel, um Figuren Leben einzuhauchen und Szenen packend, rührend oder witzig zu gestalten.

Der erfahrene Dramaturg und Autor Oliver Schütte zeigt, wie Sie wirkungsvolle und spannende Dialoge schreiben – und wie Produzenten, Redakteure und Script Consultants effektiv mit Autoren an Dialogen arbeiten können. In der 4. Auflage seines Standardwerks erläutert Oliver Schütte anhand von aktuellen Filmen und TV-Serien, was gute von schlechten Dialogen unterscheidet und wie erfolgreiche Dialoge geschrieben werden. Dabei hat er auch die Erfahrungen seiner zahlreichen Seminare im In- und Ausland integriert und die wichtigsten Fragen im neuen Streamingzeitalter aufgegriffen.

https://www.halem-verlag.de/schau-mir-in-die-augen-kleines/

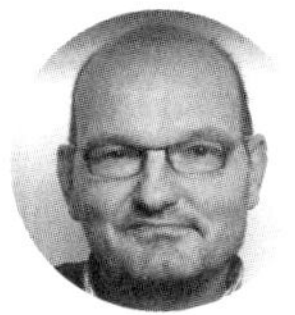

Oliver Schütte arbeitet seit 1986 als Autor und seit 1990 auch als Dramaturg. Für sein erstes Drehbuch *Koan* erhielt er 1988 den Deutschen Drehbuchpreis. 1995 gründete er die Weiterbildungsinstitution Master School Drehbuch, die er bis Ende 2008 leitete. Im Jahr 1995 begann auch seine umfangreiche Lehrtätigkeit im In- und Ausland. 2013 gründete er die Filmproduktion tellfilm Deutschland mit Sitz in Berlin. Heute arbeitet Oliver Schütte als Spezialist für das Geschichtenerzählen als Dramaturg, Dozent an internationalen Filmhochschulen, Publizist und Produzent. Er ist Gründungsmitglied der Deutschen Filmakademie.

HERBERT VON HALEM VERLAG

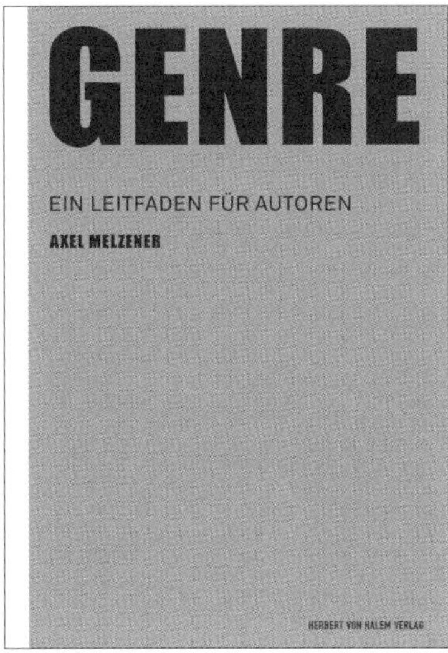

Axel Melzener

Genre.
Ein Leitfaden für Autoren

Praxis Film, 98

2022, ca. 264 S., 15 Abb., Broschur,
240 x 170 mm, dt.

ISBN (Print) 978-3-7445-2037-9
ISBN (PDF) 978-3-7445-2030-0

Das Genre ist die narrative DNS jeder Story und seine Wahl somit die wichtigste dramaturgische Grundsatzentscheidung, die Drehbuchautoren und Schriftsteller treffen müssen. Die über Jahrhunderte hinweg ausgeprägten Wirkmechanismen von Genres bestimmen die rituelle Kraft, mit der Filme, Serien, Literatur und Videogames Milliarden Menschen in ihren Bann ziehen. Aber welche Erzählformen gibt es überhaupt und an welchen oft fließenden Grenzen machen sich ihre Eigenheiten fest? Wie mischt man Genres miteinander und spielt mit ihren Konventionen? Und warum tut sich die deutsche Kultur mit diesem Thema so schwer? Dieses Buch ist als Denkanstoß und praktisches Nachschlagewerk für alle gedacht, die Spaß daran haben, moderne Geschichten für ein breites Publikum zu entwickeln und dabei nach einer gemeinsamen Sprache suchen.

https://www.halem-verlag.de/genre/

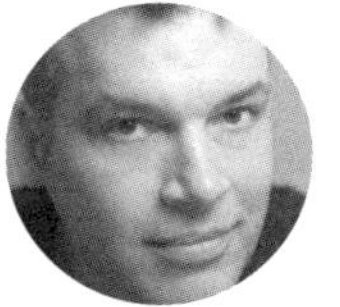

Axel Melzener stieg mit 16 Jahren als Komponist und Game Designer für Computerspiele in die Medien ein. 1996 bis 2001 studierte er Drehbuchschreiben an der Filmakademie Baden-Württemberg. Seitdem ist er freiberuflicher Autor und verfasste Drehbücher für Filme und Serien aller möglichen Genres.

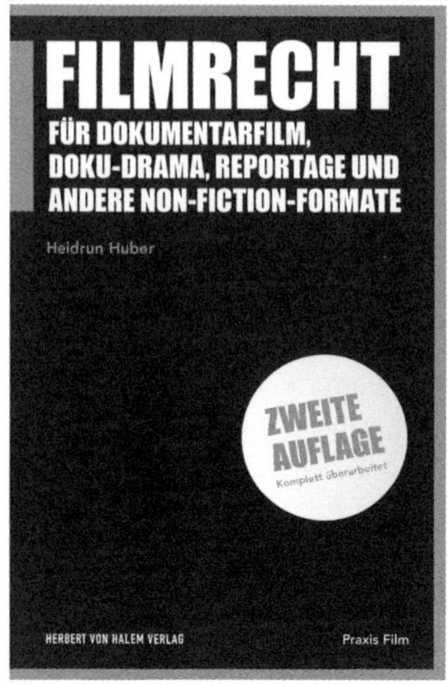

Heidrun Huber

Filmrecht für Dokumentarfilm, Doku-Drama, Reportage und andere Non-Fiction-Formate

Praxis Film, 62

2021, 2., überarbeitete Auflage, 336 S., Broschur, 185 x 120 mm, dt.

ISBN (Print) 978-3-7445-2055-3
ISBN (PDF) 978-3-7445-2056-0

Verständlich und übersichtlich werden auch in der Neuauflage des Buches die wichtigsten Rechtsfragen beantwortet, die sich bei der Vorbereitung, Herstellung und Auswertung von dokumentarischen Film- und Fernsehproduktionen stellen. So legt die Autorin anhand zahlreicher Beispiele aus der Praxis unter anderem Persönlichkeitsrechte und DSGVO, Musikrechte, die wichtigsten Filmverträge und die inzwischen bestehenden Vereinbarungen über angemessene Vergütungen für Dokumentarfilmerinnen und Dokumentarfilmer dar.

https://www.halem-verlag.de/filmrecht-fuer-dokumentarfilm-doku-drama-reportage-und-andere-non-fiction-formate-2/

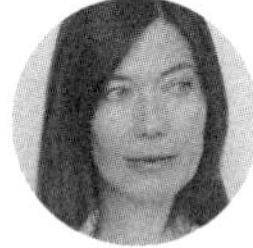

Prof. Dr. Heidrun Huber arbeitet als Rechtsanwältin mit Schwerpunkt Filmrecht in München. Sie ist Honorarprofessorin an der Hochschule für Fernsehen und Film München und Gastdozentin an der Filmakademie Baden-Württemberg.

HERBERT VON HALEM VERLAG

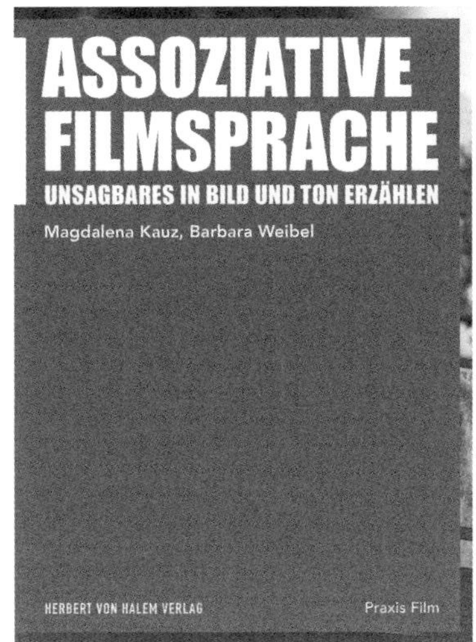

Magdalena Kauz / Barbara Weibel

Assoziative Filmsprache. Unsagbares in Bild und Ton erzählen

Praxis Film, 97

2021, 296 S., Broschur m. Klappe, dt.

ISBN (Print) 978-3-7445-1988-5

ISBN (PDF) 978-3-7445-1989-2

Wie erzählt man Geschichten, wenn die Bilder fehlen? Weil die Themen zum Beispiel abstrakt sind (etwa in Wirtschaft und Wissenschaft) oder von den unsagbaren Gefühlen der Protagonist*innen handeln?

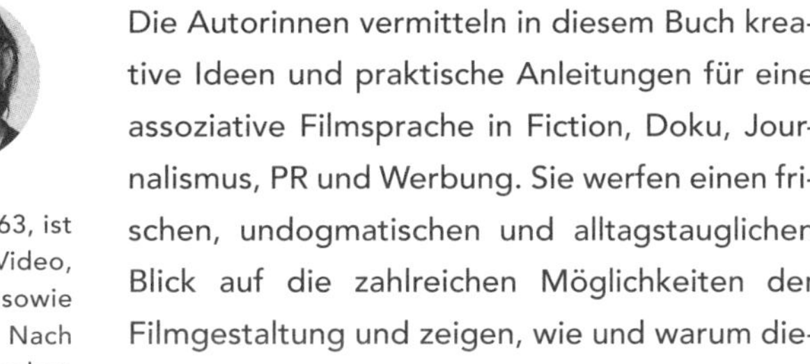

Die Autorinnen vermitteln in diesem Buch kreative Ideen und praktische Anleitungen für eine assoziative Filmsprache in Fiction, Doku, Journalismus, PR und Werbung. Sie werfen einen frischen, undogmatischen und alltagstauglichen Blick auf die zahlreichen Möglichkeiten der Filmgestaltung und zeigen, wie und warum diese Sprache beim Publikum ankommt.

Ein reichhaltiges Buch, das eine neue Systematik von Filmsequenzgestaltung vorstellt und diese mit Erkenntnissen aus der Kognitionsforschung begründet. Mit 125 farbigen Abbildungen, zahlreichen Beispielen, Links und Checklisten.

https://www.halem-verlag.de/assoziative-filmsprache/

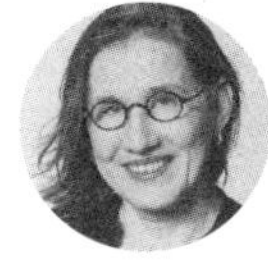

Magdalena Kauz, Jg. 1963, ist Trainerin und Beraterin für Video, Storytelling und Journalismus sowie Videomacherin und Autorin. Nach einer Ausbildung zur grafischen Gestalterin und Journalistin arbeitet sie als Video-Journalistin. Seit 1998 ist sie Trainerin für Video im gesamten deutschsprachigen Raum.

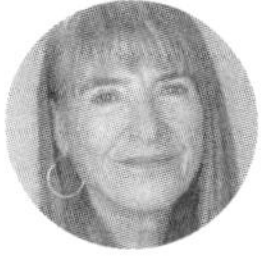

Barbara Weibel, Jg. 1957, ist freie Trainerin und Beraterin. Sie studierte Journalismus und Kommunikation mit Schwerpunkt Film und Fernsehen, war über 30 Jahre als Regisseurin im Schweizer Radio und Fernsehen tätig, wo sie u.a. auch unterrichtete und neue Formate und Formen mitentwickelte.

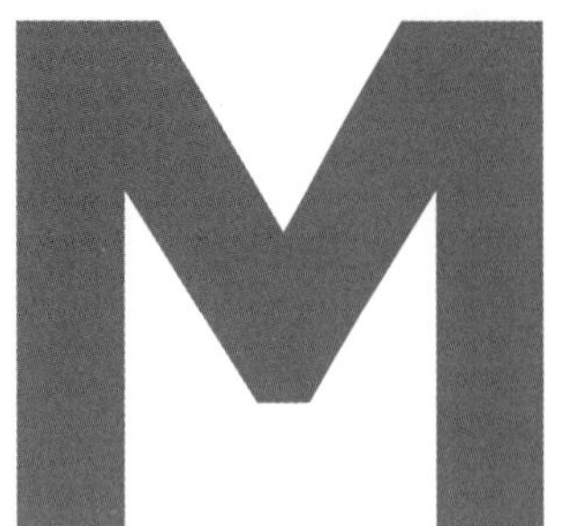